FINETUNING DER FITNESS IN DER KÜCHE

FINETUNING DER FITNESS IN DER KÜCHE

Ernährungsratgeber für Fitness-(*Studio*)-Sportler

einfach • kompakt • aktuell

Dipl. Chem./ Dipl. Wirt.-Chem.

Silke Wettstein

Gewichtscoach (sgd)

Ernährungsberaterin (sgd)

Fitnessberaterin (IHK)

Das Buch

Einfach, kompakt und aktuell vermittelt dieses Buch Ernährungswissen und gibt Fitness-(Studio)-Sportlern Ernährungs-Tipps darüber, wie sie durch richtige Ernährung „noch fitter" werden können und dabei gesund ihre Trainingsziele schneller und effizienter erreichen.

Die Autorin

Mein Name ist Silke Wettstein (46) und bereits im Alter von acht Jahren habe ich begonnen Sport zu treiben. Tischtennis war die erste Sportart, die ich erfolgreich betrieb. So gewann ich damals gegen die spätere Europameisterin Elke Schall. Als in unserem Ort dann Tennisplätze gebaut wurden, wechselte ich im Alter von 13 zum Tennissport. Auch hier konnte ich so manches Turnier gewinnen. Nach erfolgreich bestanden Abitur begann ich in Karlsruhe mit dem Chemiestudium und zog von zuhause weg. Es war mir nicht möglich dem Mannschaftssport treu zu bleiben. Sportfanatisch wie ich nun mal war, begann ich intensiv in einem Fitnessclub zu trainieren, was aufgrund der freien Zeiteinteilung gut mit meinen Terminen im Labor kombinierbar war. In den letzten Jahren habe ich aber auch in Sportarten, wie Volleyball, Triathlon, Fußball, Handball und Leichtathletik hineingeschnuppert.

Nach bestandenem Chemiestudium in Karlsruhe und später in Freiburg studierte ich an der RWTH Aachen noch Wirtschaftswissenschaften. Beide Studiengänge hätte ich ohne mein tägliches Training im Fitnessclub niemals so erfolgreich zu Ende gebracht. Ich stellte schon zu Beginn meines Studiums fest, dass ich unmittelbar nach einer Trainingseinheit, die sowohl aus Ausdauer- als auch aus Krafttraining bestand, super Lernen konnte. Ich war geistig so aufnahmefähig, dass ich die in das Training investierte Zeit locker kompensierte. Diese Erkenntnis möchte ich allen Schülern, Studenten und allen, die sich auf irgendeine Prüfung vorbereiten mit auf den Weg geben. Keine Zeit für Sport ist eine Ausrede, die ich nicht gelten lasse. Das sollten sie, liebe Leser, auch nicht tun. Nach Beendigung meines Studiums arbeitete ich ein Jahr als Pharmareferentin und absolvierte in meiner Freizeit den Fitnessberater-lehrgang den Selection. Eine kleine Erbschaft verhalf mir schließlich zu den nötigen finanziellen Mitteln mich als Franchisenehmer in das Selection Fitness Studio in Aachen-Weststraße einzukaufen. Das war am 26.8.1999 also vor ziemlich genau 15 Jahren. Es war mir so möglich mein Hobby zum dem Beruf zu machen, den ich heute noch mit großer Begeisterung und Herz ausübe.

Das Thema Ernährung eines Sportlers ließ mich seit meinem Chemiestudium, im dem ich die Zusammenhänge des menschlichen Stoffwechsels genau kennenlernte, nicht mehr los. All die Jahre lass ich immer wieder wissenschaftliche Berichte und entschied mich schließlich vor drei Jahren zu einer Fortbildung zur Ernährungsberaterin bei der Studiengemeinschaft Darmstadt (sgd), der noch das Studium zum Gewichtscoach folgte. Beides schloss ich sehr erfolgreich ab.

Im Anschluss gründete ich das Kleine Unternehmen EFiCo® Ernährungs- und Fitnesscoaching. Ich betreue nun einige meiner Mitglieder und auch externe Interessenten, die ihre Ernährung, ihr Bewegungsverhalten und auch ihren Lebensstil überdenken und verbessern wollen. Als Coach gebe ich Hilfe zur Selbsthilfe, was mir große Freude bereitet.

Eine eigene Internetseite ist in Arbeit. Solange können sie unter www.krankengymnastik-aachen.com einiges über mich lesen.

Fühlen sie sich herzlich eingeladen.

Ihre Silke Wettstein, Aachen im Oktober 2014

Vorwort

Immer wieder fragen mich die Mitglieder meines Fitnessclubs was sie essen müssen, um ihr Trainingsziel besser und schneller zu erreichen. Jeder Fitnesssportler hat sein eigenes sportliches Ziel. Die meisten wollen abnehmen. Andere wiederum wollen ihre Ausdauer bzw. ihre Kraft verbessern. Egal um welches persönliche Ziel es sich handelt, mit einer speziell abgestimmten Ernährung kann es wesentlich schneller und effizienter erreicht werden.

Grundsätzlich gilt, dass ohne eine nährstoffreiche und ausgewogene Ernährung kein Training hilft, um gesund fitter zu werden und sein Trainingsziel erfolgreich zu erreichen.

Da ich sehr viel gelernt habe und weiß, wie groß die Ernährung das Training und den Trainingserfolg beeinflusst, möchte ich allen, die es interessiert, dieses Wissen weiter geben.

Seit nunmehr 30 Jahren trainiere ich selbst im Fitnessstudio, mache aber auch Sport an der frischen Natur. Außerdem beschäftige ich mich sowohl in meiner Freizeit als auch beruflich mit Ernährung, wie sie in der Beschreibung meiner Person sicherlich gelesen haben. Daher schreibe ich nun diesen kleinen Ratgeber, in dem ich versuche möglichst einfach die Ernährungsgrundlagen zu vermitteln. Des weiteres gebe ich Tipps wie jeder sein persönliches Trainingsziel mittels gesunder und spezifischer Ernährung schnell und effektiv erreichen kann.

Ich widme dieses Buch meinen zwei Männern:

Meinem Lebensgefährten Dikran, der es nicht leicht mit mir hat und den ich über alles liebe und unserem Rauhhaardackel Quiero, den wir beide wie ein eigenes Kind tierisch lieb haben.

INHALTSVERZEICHNIS

1 Ernährungsphysiologische Grundlagen

1.1 Nährstoffe unterschiedlicher Energiedichte

1.2 Kohlenhydrate

1.3 Glykämischer Index

1.4 Fette

1.5 Eiweiß

2 Energiebedarf

2.1 Allgemeines

2.2 Ermittlung des Energiebedarfs

2.3 Energiegewinnung in Abhängigkeit von Belastungsdauer und Belastungsintensität

3 Allgemeine Ernährungsempfehlungen für Sportler

4 Spezifische Ernährungsempfehlungen für Ausdauersportler und Teilnehmer an ausdauerbetonten Gruppen-fitnesskursen, wie RPM® oder Body attack® von Les Mills

5 Spezifische Ernährungsempfehlungen für Kraftsportler und Teilnehmer an kraftbetonten Gruppenfitnesskursen, wie Body Pump® von Les Mills

6 Ernährungsempfehlungen für Sportler, die ihre Körpergewicht reduzieren wollen

7 Richtig Trinken: Vor, während und nach dem Training

8 Vitamine

9 Mineralstoffe

10 Protein-und Kohlenhydratsupplemente - sinnvoll oder nicht?

SCHLUSSWORT

LITERATURVERZEICHNIS

1 Ernährungsphysiologisches Basiswissen

1.1 Nährstoffe unterschiedlicher Energiedichte

Es gibt sowohl Nährstoffe die Energie liefern als auch Nährstoffe die keine Energie abgeben. Primäre Energiequellen einen Sportlers sind die Grundstoffe Kohlenhydrate und Fette. Sie halten unseren „Motor" Körper in Gang. Kohlenhydrate liefern 4,1 kcal /g, Fette stellen 9,3 kcal /g zur Verfügung. Auch Proteine sind Grundstoffe. Sie stellen 4,1 kcal /g an Energie zur Verfügung. Im Gegensatz zu den Kohlenhydraten und Fetten sind sie aber eher als Aufbaustoffe und weniger als Energielieferanten für unseren Körper wichtig. Zu erwähnen ist auch der Energieträger Alkohol mit 7 kcal /g. Ein Sportler sollte allerdings nicht auf ihn zur Gewinnung an Energie zurückgreifen!
Neben den Makronährstoffen gibt es weitere Nähstoffe, die wichtige Funktionen in unserem Metabolismus übernehmen, jedoch keine Energie liefern. Dazu gehören Mineralstoffe (Mengen- und Spurenelemente) sowie Vitamine. Sie werden auch als Mikronährstoffe bezeichnet.

Darüber hinaus gibt es in unserer Nahrung noch sekundäre Pflanzenstoffe, Ballaststoffe und das lebenswichtige Wasser.

Sekundäre Pflanzenstoffe sind chemische Verbindungen, die in speziellen Pflanzenzellen hergestellt werden und für den Stoffwechsel der Pflanze bedeutungslos sind. Im Gegensatz zu den primären Pflanzenstoffen sind sie für die Pflanze nicht essentiell. Für die Gesundheit des Menschen sind sekundäre Pflanzenstoffe nützliche Schutzstoffe. So verhindern Sulfide im Knoblauch z.B. Thrombosen, in dem sie das Blut verdünnen. Flavonoide wirken als Antioxidantien und Phytosterine senken den Cholesterinspiegel.

Ballaststoffe sind unverdauliche Nahrungsbestandteile. Sie regen die Darmtätigkeit an und senken nachweislich das Darmkrebsrisiko. Sie kommen unter anderem in Getreide, Obst, Gemüse und Hülsenfrüchten vor. Die Wissenschaft empfiehlt täglich 30 g Ballaststoffe mit der Nahrung aufzunehmen. Und wer seien Körpergewicht reduzieren möchte sollte sich ballaststoffreich ernähren. Ballaststoffe liefern nämlich wenig Energie (im Durchschnitt 1-2 kcal/g) erhöhen aber das Nahrungsvolumen erheblich. Der eintretende Sättigungseffekt hilft weniger zu essen und damit verbundene Kalorien aufzunehmen.

Der wichtigste Nährstoff in unserem Organismus ist Wasser. Mit über 70 % Anteil bildet die Verbindung aus Wasserstoff und Sauerstoff die Basis unseres Körpers.

Essentiell also lebensnotwendig sind auch einige Aminosäuren, spezielle Fettsäuren, Vitamine und Mineralstoffe. Mineralstoffe kommen als wichtige Co-Faktoren in stoffwechselaktiven Enzymen oder als Bestandteile wichtiger Stoffwechselmetaboliten vor.

Ein Lebensmittel, das viele Vitamine, Mineralstoffe sowie sekundäre Pflanzenstoffe besitzt und wenig Kalorien liefert ist hochwertig, d.h. es besitzt eine hohe Nährstoffdichte. Nähstoffdichte ist definiert als Quotient aus Nährstoffzufuhr und Energiezufuhr. Beispiele für solche Nahrungsmittel sind: Obst, Gemüse, Vollkornprodukte, mageres Fleisch, Fisch sowie fettarme Milch und fettarme Milchprodukte. Diese nährstoffreichen Produkte lege ich allen Fitnesssportlern zur Gestaltung ihrer Basisernährung ans Herz. Zur Speisenzubereitung empfehle ich die Verwendung pflanzlicher Öle. Sehr gut geeignet sind Olivenöl und Rapsöl mit einem hohen Anteil an ungesättigten Fettsäuren.

Dazu finden sie im Kapitel Fette noch mehr nützliche Informationen.

1.2 Kohlenhydrate

Kohlenhydrate stellen mit den Fetten und Proteinen den quantitativ größten verwertbaren (u.a. Stärke) und nicht verwertbaren (Ballaststoffe) Anteil an unserer Nahrung.

Funktionen:
- Physiologische Energieträger.
- Stützsubstanz besonders im Pflanzenreich.
- Beteiligt an biologischen Signal- und Erkennungsprozessen (z.B. Zell-Zell-Erkennung.
- Bestandteil in vielen Antibiotika und Coenzymen.

Wichtige Kohlenhydrate mit Beispielen

- **Monosaccharide** (Einfachzucker):
  Dextrose, auch Traubenzucker oder Glukose genannt
  Fructose, auch Fruchtzucker genannt
  Ribose, Teil der RNA (Ribonukleinsäure)
  Desoxyribose, Teil der DNA (Desoxyribonukleinsäure)

- **Disaccharide** (Zweifachzucker):
  Saccharose, auch Rüben- oder Rohrzucker genannt (= Glucose + Fructose)
  Lactose, auch Milchzucker genannt (= Glucose + Galactose)
  Maltose, auch Malzzucker genannt (= Glucose + Glucose)

Chemische Formel von Saccharose

- **Trisaccharide** (Dreifachzucker)

- **Polysaccharide** (Vielfachzucker):
  Stärke
  Cellulose
  Glykogen
  Chitin
  Fruktane
  Callose

Allgemeines zu Kohlenhydraten

Die Mono-, Di- und Trisaccharide sind in der Regel wasserlöslich, haben einen süßen Geschmack und werden im Engeren Sinn als Zucker bezeichnet. Der Ausdruck Saccharid kommt vom Lateinischen „saccharum", was so viel bedeutet wie, „süß schmeckend". Die Polysaccharide sind dagegen schlecht oder gar nicht in Wasser löslich und geschmacksneutral.

Da viele bekannte Saccharide die chemische Bruttoformel $C_n(H_2o)_m$ aufweisen, können diese formal auch als Hydrate des Kohlenstoffs angesehen werden. Daher verwenden wir heute den von K. Schmitt 1844 geprägten Begriff Kohlenhydrate.

Einfachzucker werden von Pflanzen im Calvin-Zyklus durch Photosynthese aus Kohlendioxid und Wasser aufgebaut. Sie enthalten, wie die obige Formel auch zeigt, Kohlenstoff (C), Wasserstoff (H) und Sauerstoff (O).

Zur Speicherung oder zum Zellaufbau werden diese Einfachzucker zu Mehrfachzuckern verkettet. Tiere und Menschen sind in der Lage langkettige Kohlenhydrate herzustellen. Die Leber synthetisiert z.B. aus Glucose den langkettigen Speicherzucker Glykogen, der uns in den späteren Kapiteln noch oft begegnen wird.

Die Energieversorgung unseres Gehirns ist hochgradig von Glucose abhängig, da es Fette nicht direkt energetisch verwerten kann. In Hungersituationen oder bei starker Muskelarbeit wird daher unter Energieaufwand Glucose in der Gluconeogenese synthetisiert. Die Gluconeogenese ist nur teilweise die Umkehrreaktion der Glykolyse. Beide schließen sich in ein und derselben Zelle nahezu aus. Unterschiedliche Organe können jedoch sehr wohl den einen und den anderen Weg beschreiten. So findet z.B. beim Krafttraining also starker muskulärer Arbeit im Muskel selbst die Glykolyse unter Lactatfreisetzung statt, während in der Leber die Gluconeogenese unter Laktatverwendung abläuft.

Aus gesundheitlichen Gründen sollte eine Ernährung mit vielen komplexen Kohlenhydraten (Polysacchariden) bevorzugt werden. Der Grund liegt in dem langsameren Anstieg des Blutzuckerspiegels im Vergleich zu den Einfachzuckern. Die Energie-versorgung hält länger an und der Körper ist in der Lage länger aktiv zu sein.

1.3 Glykämischer Index und seine Bedeutung für Sportler

Laut Definition ist der Glykämische Index (GI) ein Maß für die Reaktion des Blutzucker-spiegels auf den Verzehr eines kohlenhydrathaltigen Lebensmittels im Vergleich zu einem Referenzlebensmittel (50 g Glukose oder Weißbrot). Ein GI größer 70 bedeutet, dass der Blutglukosespiegel sehr stark ansteigt. Die Insulinausschüttung ist groß. Es folgt eine schnelle Energieabgabe an den Organismus. Mittlere Anstiege sind bei Werten für den GI zwischen 50 - 70 zu erwarten. Niedrige, wenn der GI unter 50 liegt. Wichtig ist hier zu erwähnen, dass kohlenhydratreiche Lebensmittel, die einen schnellen und hohen Anstieg auslösen nicht zwangsläufig einen hohen GI haben. Das ist z.B. der Fall, wenn es nach einem raschen Anstieg zu einem schnellen Abfall kommt. Und Lebensmittel die einen geringen Blutzuckerspiegelanstieg auslösen, können trotzdem einen hohen GI haben. Sofern der Anstieg nämlich lange anhält ist der Index hoch.

Um genau abzuschätzen; wie sich der Blutzuckerspiegel eines Menschen verändert wenn er zuckerhaltige Nahrung zu sich nimmt, muss seine individuelle physiologische Reaktion ermittelt werden.

Bei sportlich aktiven Personen ist der Blutglukoseanstieg deutlich geringer als bei Nichtsportlern, so dass der GI bei Sportlern nicht so bedeutend ist. S. Mettler et al konnten belegen, dass der Trainingszustand den GI beeinflusst. Weiterhin konnte in einigen wissenschaftlichen Studien nachgewiesen werden, dass der Verzehr von Lebensmitteln mit einem hohen GI 30 - 60 min vor dem Training zu einer frühen Ermüdung führt. Ein schneller Anstieg des Blutzuckerspiegels führt zu einer hohen Insulinausschüttung. Als Folge sackt der Blutzuckerspiegel schnell wieder ab. Um die nötige Energie aufrecht zu erhalten werden die Glykogenreserven sowie die freien Fettsäuren mobilisiert. Vor dem Training ist der Verzehr von stark kohlenhydrathaltiger Nahrung mit einem mittleren GI zu empfehlen. Der Körper erhält dann stetig Energie aus den Kohlenhydraten und der Insulinspiegel steigt nur gering an. Nach der Trainingseinheit sollte der Sportler eine nicht allzu große Menge an Kohlenhydraten mit hohem GI zu sich nehmen. Diese gelangen schnell ins Blut und die Energiespeicher werden schnell wieder aufgefüllt. Die ist besonders für die Regeneration ein entscheidender Vorteil.

Abschließend in diesem Kapitel möchte ich den GI in einigen Punkten kritisieren:

- Der GI für eine komplexe Mahlzeit lässt sich nur schwer abschätzen.
- Der GI ist ein Laborparameter und wenig praxistauglich
- Es gibt stark unterschiedliche individuelle physiologische Reaktionen auf den Verzehr zuckerhaltiger Nahrung.
- Je nach Zubereitungsart hat ein Lebensmittel einen unterschiedlichen GI.
- Die Deutsche Gesellschaft für Ernährung (DGE) vertritt die Position, dass nicht der Insulinspiegel welcher unmittelbar vom GI beeinflusst wird für den Auf- bzw. Abbau von Fettgewebe maßgeblich ist; sondern einzig und allein die Energiebilanz.

1.4 Fette

Fette und fette Öle sind chemisch gesehen Tri- Ester des dreifachen Alkohols Glycerin und nicht verzweigter aliphatischer Monocarbonsäuren (Fettsäuren). Sie werden auch als Triglyceride bezeichnet.

Chemische Formel eines Tri-esters mit 3 verschiedenen Resten R1,R2,R3

Je nachdem ob das Triglycerid bei Raumtemperatur flüssig oder fest ist; spricht man von Fetten oder fetten Ölen. Dazwischen liegen die halbfesten (streichfesten) Fette.
Umgangssprachlich wird mit Fett auch das Fettgewebe im tierischen und menschlichen Körper bezeichnet. Fette und Öle finden Verwendung als Nahrungsmittel und werden technisch als Schmierstoffe eingesetzt. Die Geschmacksrichtung „fettig" wurde als

sechste und bislang letzte identifiziert und anerkannt.

Die Eigenschaften eines Fettes werden von der Kettenlänge sowie den Fettsäuremolekülen beeinflusst und davon, wie viele C=C-Doppelbindungen in den Fettsäureresten vorkommen. Natürliche Fette enthalten stets unterschiedliche Fettsäuren, stellen immer ein Gemisch dar und haben folglich keinen Schmelzpunkt sondern einen Schmelzbereich. Mit steigender Kettenlänge und abnehmender Anzahl an Doppelbindungen in der Kette steigt die Schmelztemperatur. D. h. flüssige Öle haben überwiegend einfach oder mehrfach ungesättigte Fettsäuren. Die relativ langen Ketten der Fettsäuren sind dafür verantwortlich, dass Fett kaum in Wasser löslich ist. Es ist also nicht hydrophil („wasserliebend") sondern hydrophob („wasserabweisend") .

Fette sind selbst meist geruchs- oder geschmacklos dienen aber als Geschmacksverstärker und Geschmacksträger.

Fette werden entweder aus tierischen Produkten oder aus Pflanzen gewonnen.

Fette und Öle gehören zu den Grundnährstoffen des Menschen. Sie werden unter anderem im menschlichen Körper benötigt als

- Energielieferanten
- Isolatoren gegen Kälte
- Lösungsmittel für z. B. fettlösliche Vitamine (Vitamin A,D,E und K)
- Schutzpolster für innere Organe und des Nervensystems
- Bestandteil von Zellmembranen

Das **Depotfett** als Energiespeicher im Körper stammt hauptsächlich aus dem mit der Nahrung aufgenommenen Fett, da die dem Körper in anderer Form zugeführte Energie (Zucker und Eiweiß), aufgrund der enzymatischen Ausstattung der menschlichen Physiologie, nur äußerst eingeschränkt in Fett umgewandelt werden kann.

Die lebensnotwendigen mindestens zweifach ungesättigten Fettsäuren nennt man **essentielle Fettsäuren** (Linolsäure, Linolensäure). Sie besitzen Vitamincharakter, da sie vom Körper selbst nicht gebildet werden können und über die Nahrung zugeführt werden müssen.

Je nach Zusammensetzung der Nahrung können Fette eher krankmachende oder eher schützende Prozesse fördern.

Eine erhöhte Zufuhr von tierischen Fetten mit einem hohen Anteil an gesättigten Fettsäuren lösen krankmachende Prozesse aus. Dazu gehören die Cholesterinämie, Purinbildung (fördern Harnsäurebildung und somit Gicht) und der Arachidonsäureanstieg (verantwortlich für viele Herzerkrankungen, rheumatische Erkrankungen sowie Immunstörungen).

Einschränken sollte man daher folgende Lebensmittel:
- Koch- und Backfett
- Butter
- Fette Produkte des toten Tieres (Schweineschmalz)
- Eier, Eiprodukte
- Backwaren
- Frittierte Speisen
- Vollfette Milchprodukte (Sahne, Käse)
- Lebensmittel mit Transfettsäuren

Transfettsäuren

Transfettsäuren entstehen auf natürlichem Wege im Rindermagen (Milch, Butter Talk)

und in großen Mengen bei der künstlichen Herstellung von gehärteten Fetten (z. B. Brat- und Backfette, Margarine).
Transfette sind für die Industrie von großem Vorteil, da sie billig sind und nicht ranzig werden. Weiterhin werden sie in den Fritteusen nur sehr langsam verbraucht.

Die University in North Carolina untersuchte über einen Zeitraum von sechs Jahren den Einfluss von Transfetten bei Primaten. Die Primaten erhielten während dieser Langzeitstudie eine für uns eigentlich typische Kost mit 35 % Fett. 8 % der Gesamt-kalorienzahl stammte aus Transfetten im Sojaöl. Das entspricht einem Cheeseburger mit einer Portion knuspriger Fritten. Nach sechs Jahren (entspricht etwa 20 Menschenjahren) hatten die Primaten ihr Körpergewicht um 7 % erhöht. Die obligatorische Vergleichsgruppe hatte in diesem Zeitraum lediglich 2 % an Gewicht zugelegt. Dabei war die Kalorienmenge, die den beiden Gruppen verabreicht wurde, identisch. Die Vergleichsgruppe erhielt aber keine Transfette sondern ungesättigte Fettsäuren. Die Forschung zeigt, dass sich die Fehlernährung durch Transfette in Fettröllchen und Bauchansätzen manifestiert. Bauchfette aber führen im Vergleich zu einer Normalverteilung von

Körperfetten zu einem deutlich erhöhten Risiko für Herz-Kreislauferkrankungen und Diabetes. Dies liegt daran, dass Bauchfettzellen Signalstoffe produzieren, die diese Krankheiten auslösen.
Bauchfett wird auch als viszerales Fett bezeichnet.

In einer anderen Studie mit Ratten konnte auch bewiesen werden, dass die Versorgung mit Transfetten zu Lernschwierigkeiten führte. Also machen Transfette nicht nur krank sondern auch dumm.

In New York dürfen seit einigen Jahren keine Pommes mehr verkauft werden!!!!!

Wissenswertes über Olivenöl –kompakt-

Olivenöl ist ein hervorragendes Fett mit vielen positiven Eigenschaften:

- Hat einen hohen Gehalt an ungesättigten Fettsäuren.
- besitzt einen sehr hohen Anteil an Ölsäure
- Ist resistent gegen schädliche Oxidationsprozesse.
- Entfaltet keine gesundheitsschädlichen Wirkungen.

- Ist auch in nativem (naturbelassenen) Zustand bis zu 180 Grad Celsius zum Braten geeignet.
- Ist in nativem Zustand reich an Vitaminen.
- Ist sehr gut verträglich.
- Ist optimal geeignet für Salate, da der edle Geschmack hier besonders gut zur Entfaltung kommt.

Mehrfach ungesättigte Fettsäuren untergliedern sich in 2 Gruppen mit teilweise entgegengesetzten Wirkungen.
Bei der ersten Gruppe handelt es sich um **Omega-6 Fettsäuren** mit dem Hauptvertreter Linolsäure. Die zweite Gruppe sind die **Omega-3 Fettsäuren**.
In Ernährungsfragen gibt es selten ein generelles „richtig" oder „falsch", oft kommt es auf das richtige Verhältnis an. So ist es auch hier. Sind Omega-3-Fettsäuren und Omega-6-Fettsäuren in einem bestimmten Verhältnis ergänzen sie sich perfekt. Stimmt die Mischung aus beiden nicht sind sie die größten Feinde.
Während Omega-6-Fettsäuren Blutgefäße verengen, und Entzündungen hervorrufen, wie, z. B. Rheuma, hemmen Omega-3-Fettsäuren nachweislich das Entstehen und

Fortschreiten verschiedener Erkrankungsprozesse, u. a. Herzerkrankungen. Bei einem Verhältnis Omega-3-Fettsäuren : Omega-6-Fettsäuren von 2:1 bis 5:1, heben sich diese genannten Wirkungen auf. Der Körper wird so durch die Omega-6-Fettsäuren nicht geschädigt. Liegt der Quotient deutlich über 5:1, erhöht sich das Risiko für Bluthochdruck, Rheuma und Herzerkrankungen drastisch. In den westlichen Industrienationen liegt das Verhältnis nicht selten bei 15:1 bis zu 20:1 (im Vergleich dazu: Steinzeitmenschen, die hauptsächlich Fisch und Fleisch aßen, 2:1 bis 3:1). Warum ist das so? Nun, viele Getreideprodukte haben ein Verhältnis von 10:1. Deswegen sollten sie diese Lebensmittel aber nicht vom Speiseplan streichen, weil sie als Makronährstoff zur gesunden, ausgewogenen Ernährung beitragen. Viel schlimmer ist, dass in den meisten Mastbetrieben die Tiere mit Getreide und Soja gefüttert werden. Über die Nahrungskette bekommen wir so Fleisch mit hohem Omega-6-Anteil. Ein großes Problem ist weiterhin, dass wir in unserer Küche viele Fette und Öle mit zu hohem Omega-6-Wert verwenden. Dazu zählen Sonnenblumenöl mit einem Verhältnis von 122:1 und besonders Frittierfette. Diese bringen das Verhältnis schnell aus dem gesunden Gleichgewicht. Gute Werte dagegen liefern Olivenöl (11:1), Rapsöl (2:1) und Leinöl (1:4). Das bedeutet schließlich: Greifen sie auf Raps- und Leinöl zurück, reduzieren sie die Transfette und achten sie darauf, woher das Fleisch kommt.

<u>Fett – ein hochwertiger Nährstoff für Sportler?</u>

Laut der deutschen Gesellschaft für Ernährung (DEG) ist eine Fettzufuhr von 60 -80 g pro Tag für einen erwachsenen Menschen ausreichend. Dies entspricht ca. 25 % der Kalorienzufuhr. Bei Langzeitausdauersportlern erhöht sich der Anteil auf 30 – 35 %, da der Fettverbrennungsanteil bei fast 50 % liegt.

Generell ist ein niedriger Körperfettanteil in den Ausdauersportarten von Vorteil (Radrennfahrer). Allerdings ist ein zu niedriger Körperfettanteil (bei Frauen unter 12 %, bei Männern unter 5 %) ungesund. Ein Fettanteil unterhalb dieser kritischen Grenzen hat keine Leistungsverbesserung mehr zur Folge. Im Gegenteil es ist sogar ein Verlust an Muskelmasse und Körperwasser damit verbunden. Erhebliche gesundheitliche Störungen sind vorprogrammiert.

Wichtig ist hierbei auch, dass Fette nicht nur Energielieferanten und Energiespeicher sind. Wie bereits erwähnt haben sie im Körper noch andere wichtige Aufgaben zu erfüllen. So sind sie auch Träger fettlöslicher Vitamine und sind in den Zellwänden eingebaut. Daher beeinflussen sie auch die Eigenschaften der Zellmembran.

Wissenswertes über Cholesterin
-kompakt-

Cholesterin ist ein Naturstoff und gehört chemisch zur Gruppe der Steroide. Es wurde zum ersten Mal im 18. Jahrhundert in Gallensteinen gefunden. Der Name leitet sich ab vom griechischen „chole" (Galle) und „stear" (Fett).
Cholesterin ist lebenswichtig:

- Ist Hauptbestandteil der Plasmamembran, wo es deren Stabilität erhöht
- Ist beteiligt am Zellmembrantransport (Ein- und Ausschleusung von Signalstoffen)
- Ist die Vorstufe von Gallensäuren (Fettverdauung)
- Ist die Vorstufe von Steroidhormonen, z. B. Testosteron, Östradiol

- Ist die Vorstufe von Vitamin D

Der Cholesteringehalt des menschlichen Körpers beträgt etwa 140 g. Da es nicht wasserlöslich ist, befinden sich über 95 % des Cholesterins in den Zellen. Im Blut wird es an Lipoproteinen gebunden transportiert. Diese werden mit zunehmender Dichte als Chylomikronen, VLDL, LDL und HDL bezeichnet.

- Bekannte Erkrankungen in Zusammenhang mit Cholesterin sind die Hypercholesterinämie (auch die familiäre Hypercholesterinämie) und die Bildung von Gallensteinen.
- Cholesterinreiche Ernährung führt zu Arteriosklerose und dann zu Herzinfarkten.
- 25 Millionen weltweit nehmen cholesterinsenkende Mittel (z. B. Statine -Sortis®-) ein.
- HDL ist sozusagen „gutes" Cholesterin, es bewirkt den Abtransport des Cholesterins von den Gefäßen zur Leber und verhindert somit die Bildung arteriosklerotischer Plaques

- LDL ist „böses" Cholesterin, verantwortlich für die Entstehung der Plaques.
- Schlechtes Verhältnis von HDL zu LDL ist ein arteriosklerotischer Risikofaktor, wie auch Alter, Geschlecht, Rauchen, Übergewicht, Bewegungsmangel.
- Patienten mit KHK sollten einen LDL-Wert unter 100 mg/dl haben.
- Normale Werte für einen 40 jährigen Mann ohne Risikofaktoren LDL = 168 mg/dl, HDL= 37 mg /dl
- Transfette erhöhen den LDL-Spiegel
- Cholesterinsenkende Medikamente verringern auch das Schlaganfallrisiko
- Niedriger Cholesterinspiegel (kleiner 160 mg /dl) korreliert invers mit dem Krebsrisiko.
- Niedriger Cholesterinwert ist verantwortlich für eine schlechte Gedächtnisleistung, Alpträume und Depressionen.
- Muttermilch besitzt sehr hohen Cholesterinanteil, Cholesterin ist nämlich beim Aufbau des Gehirns und des Nervensystems beteiligt.

1.5 Proteine

Bausteine der Proteine sind bestimmte als proteinogen, also proteinaufbauend, bezeichnete Aminosäuren, die durch Peptidbindungen zu Ketten verbunden sind. Beim Menschen handelt es sich um 21 verschiedene Aminosäuren – die 20 seit langem bekannten, sowie Selenocystein.

Aus zwei Molekülen der <u>proteinogenen</u> Aminosäure <u>Alanin</u> entsteht unter <u>Wasserabspaltung</u> das Dipeptid Alanyl-Alanin

Die Aminosäureketten können eine Länge von bis zu mehreren tausend Aminosäuren haben, wobei man Aminosäureketten mit einer Länge von unter ca. 100 Aminosäuren als Peptide bezeichnet und erst ab einer größeren Kettenlänge von Proteinen spricht. Die molekulare Größe eines Proteins wird in der Regel in Kilo-Dalton (kDa) angegeben. Titin, das mit ca. 3600 kDa größte bekannte menschliche Protein, besteht aus über

30.000 Aminosäuren und beinhaltet 320 Proteindomänen.

Proteinbildende AS werden danach unterschieden, ob sie essentiell, d.h. ob sie mit der Nahrung zugeführt werden müssen da sie unser Körper nicht selbst produziert, oder ob sie nicht essentiell sind.

Essentielle AS:
Leucin, Isoleucin, Valin, Phenylalanin, Tryptophan, Threonin, Lysin, Methionin,

---

Einige wichtige Funktionen der AS:

- Proteinbildner.
- Nährstoffe in unserem komplizierten Hormonsystem.
- Steuern als Nährstoffe mit anderen Substanzen unsere Gehirnfunktionen (z.B. Methionin ist verantwortlich für die Schlafbereitschaft).
- Ermöglichen entgiftende Stoffwechselvorgänge (z.B. Harnstoffbildung in der Leber).
- Sind an der Steuerung des Säure-Base-Gleichgewichts beteiligt

- Liefern in absoluten Energienotzuständen Energie (z.B. Leucin)

AS in der Sporternährung:

In sportmedizinischen Untersuchungen der letzten 20 Jahre wurde mehrfach nachgewiesen, dass durch intensive körperliche Belastung von mehreren Stunden auch AS als Energielieferanten herangezogen werden. Ein Marathonlauf z.B., führt zu einem Verlust von 40 g AS, ein 2-stündiges Krafttraining verbraucht ca. 20 g AS. Der verfügbare Bestand im Körper beläuft sich auf 100 g AS. Der Verlust von 20 - 40 % des Bestandes entspricht dem Zustand bei schweren und schwersten Erkrankungen. Außerdem ist das AS-Gleichgewicht im Körper erheblich gestört. Dies wirkt sich auf die Proteinbiosynthese (Proteinproduktion im Körper) aus. Der Trainingseffekt in der Muskulatur wird stark vermindert. Unter Umständen tritt sogar ein Muskelabbau auf. Es wird hier von Übertraining gesprochen. Zusätzlich bewirkt ein AS-Mangel, dass Entgiftungsprozesse im Stoffwechsel nur stark gehemmt ablaufen, so dass sich die Regeneration nach dem Training erheblich verlangsamt.

Proteine werden üblicherweise in zwei Klassen, die **Faserproteine** und die **globulären Proteine** unterteilt. Sie unterscheiden sich in Form und Funktion.

Faserproteine:

Sie gehören zum Gerüstmaterial im Tierorganismus und sind wasserunlöslich. Dazu zählen:
- die **Keratine** als Hauptbestandteil der Haut, der Haare, der Nägel;
- die **Kollagene** als Bestandteil des Bindegewebes also von Knorpelsubstanz, von Sehnen und von Blutgefäßen;
- das **Fibroin** der Spinnweben und der Kokons der Seidenspinner.

Die Proteinketten sind über sog. Disulfidbrücken miteinander verbunden, also quervernetzt. Je nach Anzahl dieser Brücken ist das aus Proteinen hergestellte Material weich, wie z.B. bei unseren Haaren oder hart, wie bei unseren Nägeln.

Globuläre Proteine:

Die globulären Proteine sind im Unterschied zu den Faserproteinen wasserlöslich und, wie der Name schon sagt, von sphärischer Gestalt. Sie erfüllen meist eine von vier biologischen Funktionen. Das sind im Einzelnen:

1. **Enzyme** (Biokatalysatoren): Sie ermöglichen eine biochemische Reaktion ohne dabei selbst verbraucht zu werden, z.B. Trypsin.

2. **Hormone**: Das sind chemische Botenstoffe, die Signale für die Regulation biologischer Prozesse setzen, z.B. Insulin. Nicht alle Hormone allerdings sind Proteine.

3. **Transportproteine**: Sie befördern Moleküle oder Ionen also kleine chemische. Teilchen von einem Körperteil in das andere oder in eine Zelle hinein bzw. heraus, z.B. Hämoglobin oder Myoglobin transportieren Sauerstoff über die Blutbahn in die Muskelzelle.

4. **Reserveproteine**: Sie dienen dem heranwachsenden Organismus als AS-Reservoir.

Z.B. das Kasein der Milch oder das Ovalbumin des Eiklars.
Sie sind also die Proteine, die im Muskelaufbau eine Rolle spielen!!!!!

Biologische Wertigkeit

Klassische Definition nach Thomas (1855):

„Die Biologische Wertigkeit (BW) ist die Anzahl Gramm Körpereiweiß, die durch 100 g eines Nahrungsproteins ersetzt werden kann".

Je höher also die BW, umso höher ist der Zuwachs an Körperprotein mit einer bestimmten Nahrungseiweißmenge.
Als Bezugswert für die BW dient das Vollei-Protein, das auf 100 gesetzt ist.
Andere tierische Lebensmittel wie Fleisch, Fisch und Milch liegen im Bereich 80 – 90 oder höher.
Pflanzliche Proteine liegen bei 60 - 80.
Beim täglichen Essen ist jedoch die BW einzelner Proteine weniger wichtig.
Maßgeblich ist vielmehr die Kombination verschiedener Proteine, wie sie typisch ist für unsere Kost.

Beispiele:

Proteintyp/-quelle	Biologische Wertigkeit
Gelatine	0
Cornflakes	ca. 15
Sojaproteinisolat	45
Quark, Kasein	ca. 72
Milch, Buttermilch	88
Fleisch (Muskel)	ca. 92
VOLLEI	**100**
Kartoffel-Ei-Kombination	größer 100
Proteinpulver	ca. 110
Kartoffel-Quark-Ei - Kombination	ca. 130

Gute Proteinquellen sind:
Eiklar, fettarmes Fleisch, fettarmes Geflügel (Pute), fettarmer Fisch (Thunfisch), fettarme Milch, Milchprodukte (Quark 10 g Eiweiß/100 g), Harzer Käse (35g Eiweiß/100 g bei 1 g Fett/100 g), Hülsenfrüchte

2 Energiebedarf

2.1 Einführung

Für einen Sportler, der beim Training Kalorien verbrennt, ist die Energiezufuhr durch Nahrung dann ausreichend, wenn sein Körpergewicht konstant bleibt und zugleich im empfohlenen Rahmen liegt. Es gibt mehrere unterschiedliche wissenschaftliche Vorgaben die festlegen, wie das Körpergewicht abhängig von verschiedenen Parametern sein sollte. Eine gängige Größe, um das Gewicht einzuschätzen ist der Body Mass Index (BMI). Er ist definiert als:

$$BMI = \frac{\text{Körpergewicht in kg}}{\text{Körpergröße in m}^2}$$

Nach WHO (World Health Organisation) gilt folgende Klassifizierung:

BMI	Klassifikation
< 18,5	Untergewicht
18,5 - 25	Normalgewicht
25 - 30	Übergewicht
> 30	Adipositas

Die Grenzen des BMI zeigen sich bei muskulösen Sportlern. Der BMI zur Körpergewichtseinschätzung ist bei ihnen nicht anwendbar, da dieser Wert nur das Körpergewicht als Ganzes sieht und nicht zwischen Fettgewebe und Muskelmasse unterscheidet.

2.2 Ermittlung des Energiebedarfs

Gesamtenergieumsatz = Grundumsatz (GU) + Leistungsumsatz

Der Grundumsatz ist die Energiemenge, die unser Körper der eine Art Verbrennungsmotor ist, braucht, um bei Raumtemperatur und ohne jegliche Arbeit die Dauertemperatur von 37°C aufrecht zu erhalten. Er ist abhängig von Geschlecht, Alter und Körperzusammen-setzung. Es gibt einige Formeln zur Berechnung des Grundumsatzes. Diese sprengen aber den Umfang dieses Buches. Daher verwenden wir die Faustformel:

GU[kcal/Tag] = Körpergewicht * 25

Der Leistungsumsatz setzt sich zusammen aus Arbeitsumsatz und Freizeitumsatz. Er repräsentiert quasi alle Aktivitäten des Tages. Der Leistungsumsatz wird über den PAL-Wert also der Physical Activity Level bestimmt. Er ist ein Maß für die Schwere der körperlichen Arbeit in Beruf und Freizeit. Damit auch sie ihren Leistungsumsatz ermitteln können liste ich ihnen die von der DACH definierten PAL Werte auf. Die DACH-Organisation setzt sich aus der deutschen (DGE), österreichischen (ÖGE) und schweizerischen (SGE) Gesellschaft für Ernährung zusammen.

PAL-Faktoren bei verschiedenen Tätigkeiten

PAL Faktor	Tätigkeit	Beispiele
0,95	schlafen	-
1,2	nur sitzend oder liegend	alte, gebrechliche Menschen
1,4–1,5	fast ausschließlich sitzend, wenig Freizeitaktivitäten	Schreibtischtätigkeit

PAL	Tätigkeit	Beispiele
1,6–1,7	überwiegend sitzend, mit zusätzlichen stehenden/gehenden Tätigkeiten	Kraftfahrer, Studenten, Laboranten
1,8–1,9	überwiegend stehende/gehende Tätigkeit	Verkäufer/innen, Kellner, Handwerker, Hausfrau/Hausmann
2,0–2,4	körperlich anstrengende berufliche Tätigkeit	Bergleute, Landwirte, Waldarbeiter, Hochleistungssportler

Beispielrechnung: Tagesenergieverbrauch für einen 70kg schweren Sportler

7 h Schlaf (PAL=1):

$$\frac{1 \text{ kcal}}{kg \cdot h} \times 70 kg \times 7h = 490 \text{ kcal}$$

16 h Tagesaktivität eines Studenten (PAL=1,6):

$$\frac{1{,}6 \text{ kcal}}{kg \cdot h} \times 70 kg \times 16h = 1792 \text{ kcal}$$

1h Ergometertraining (30km/h) (PAL=10):

$$\frac{10 \text{ kcal}}{kg*h} \times 70kg \times 1h = 700 \text{ kcal}$$

Tagesenergieverbrauch =

490kcal+1792kcal+700kcal = **2282kcal**

Einflussgrößen auf den Energieverbrauch bei Aktivitäten sind:

- Belastungsintensität
- Belastungsdauer
- Körpergewicht
- Bewegungsökonomie
- Klima

Die Berechnung mittels PAL ist eine recht genaue Methode. Soll allerdings der Energieverbrauch genau bestimmt werden, ist es ratsam in einem sportmedizinischen Testzentrum eine Atemgasanalyse, auch Spirometrie genannt, zu machen. Sie kostet ca. 150 €.

2.3 Energiegewinnung in Abhängigkeit von Belastungsdauer und Belastungsintensität

Die Energie für sportliche Leistungen stammt von den Energieträgern Kohlenhydrate, Fette und Eiweiß. Sie wird jedoch nicht direkt aus ihnen gewonnen. Vielmehr liefert das in allen Körperzellen gespeicherte Adenosintri-phosphat (ATP) die erforderliche Energie. Da ATP in den Muskelzellen nur begrenzt zur Verfügung steht, muss es bei Belastungen stets neu gewonnen werden. Je nach Belastungsdauer werden vier unterschiedliche Phasen der Energiebereitstellung durchlaufen:

1. **Anaerob-alaktazid**

Kreatinphosphat + Adenosindriphosphat $\longrightarrow$

    KrP   ADP

Kreatin + Adenosintriphosphat

Kr   ATP

2. **Anaerob-laktazid (= anaerobe Glykolyse)**

Glukose (Glykogen) $\longrightarrow$ Lactat + ATP

3. **Aerob (aerobe Glykolyse, oxidativer Glykogenabbau)**

Glukose (Glykogen) + O_2 $\longrightarrow$ CO_2 + H_2O + ATP

4. **Aerob (=Lipolyse, oxidativer Fettabbau)**

Freie Fettsäuren + O_2 $\longrightarrow$ CO_2 + H_2O + ATP

Das in den Mitochondrien, den Kernkraftwerken unserer Muskelzellen, vorhandene ATP zerfällt bei der Muskelkontraktion in ADP und einen Phosphatrest P. Jetzt muss der Körper dafür sorgen, dass neues ATP produziert wird. An diesem Punkt kommt Kreatinphosphat (KrP) ins Spiel. Es hat die Aufgabe, das verbrauchte ATP wieder zu resynthetisieren, da dies bereits nach zwei Sekunden aufgebraucht ist. Das KrP seinerseits reicht wiederum für etwa neun Sekunden, etwa der Dauer eines 100 m-Laufes. An dieser Stelle möchte ich erwähnen, dass die vier Phasen nicht streng nacheinander sondern parallel durchlaufen werden. So ist bei dem genannten Beispiel das KrP, welches zwar schnell zur Verfügung steht, nicht ausreichend, um die gesamte notwendige Energie für den Lauf zur Verfügung zu stellen. Vielmehr greift der Körper auch schon in den ersten Belastungssekunden auf Kohlenhydrate als Energieträger zurück. Kohlenhydrate sind im Muskel und in der Leber in Form von Glykogen gespeichert und liegen im Blut in Form von Glukose vor.

An dieser Stelle kommen wir zu Phase zwei unseres Energiebereitstellungsprozesses, dem laktaziden - anaeroben Prozess. Dieser Weg wird immer dann eingeschlagen, wenn zu wenig Sauerstoff zur Verfügung steht. In der sogenannten anaeroben Glykolyse wird das Zuckermolekül gespalten. Es liefert schnelle Energie. Allerdings ist die Energieausbeute sehr gering, da das Zuckermolekül nicht vollständig zerlegt wird. Neben ATP entsteht Laktat, also Milchsäure. Ab einem Laktatspiegel von mehr als 15 mmol/l kommt es zur Übersäuerung (Azidose), was zu einer Einschränkung der Muskelarbeit und zur Muskelermüdung führt. Das Ausmaß der Laktatbildung wird sowohl von der Belastungsintensität als auch dem beanspruchten Muskelfasertyp, der Größe des Muskelglykogenspeichers und dem Trainingszustand beeinflusst. Die Schwelle, ab der der Körper zunehmend aerobe Energie gewinnt (Phase drei), ist trainierbar. Diese Schwelle bezeichnet man auch als aerob-anaerobe Schwelle bzw. als „Laktatschwelle". Nach der Belastung wird das Laktat vollständig abgebaut und trägt einerseits zur Energiespeicherung andererseits zur späteren Energiebereitstellung bei. Mit dem Abbau geht die muskuläre Erholung einher. Ein leichtes Auslaufen unterstützt den Prozess. Man spricht von aktiver Erholung.

Laktat entsteht bei geringer körperlicher Belastung bereits im Anfangsstadium der sportlichen Aktivität. Nach ca. einer Minute wird dieser energetisch unökonomische Weg immer mehr durch die aerobe Energiebereitstellung ersetzt.

In der dritten Phase, dem oxidativen Glykogenabbau, wird Glukose, sofern genügend Sauerstoff zur Verfügung steht, vollständig in ATP, Wasser (H_2O) und Kohlendioxyd (CO_2) oxidiert. Die gesamte Energie der Glukose also 260 kcal pro Mol wird gewonnen. Der Organismus läuft also ökonomisch. Unter anhaltender Belastung werden erst die Muskelglykogenspeicher aufgebraucht. Danach greift der Körper auf die Leberglykogenreserven zurück. Sofern auch diese Vorräte aufgebraucht sind, die Belastung anhält und keine Nahrung aufgenommen wird, besteht die Gefahr der Unterzuckerung (Hungerast).

In Phase vier werden die Fette als Energieträger herangezogen. Wie hoch der Anteil der Fettspaltung (Lipolyse) an der Energiebereitstellung ist, hängt ab von der Belastungsintensität und Dauer der Aktivität. Fette werden langsam mobilisiert und sind zwingend auf Sauerstoff angewiesen. Da bei intensiver Belastung schnell Energie benötigt wird, werden Kohlenhydrate, welche schneller als Fette mobilisiert werden können, verbrannt. Bei leichter und mittlerer Belastungsintensität (50 % der maximalen Sauerstoffaufnahme-O_{2max}-) werden Kohlenhydrate und Fette zu je 50 % zur Energiebereitstellung genutzt. Steigt die Intensität auf 70 %-80 % der O_{2max} wird etwa 80 % der Energie aus Glykogen gewonnen.

Bei lang andauernden sportlichen Aktivitäten stammt die Energie aus Fettsäuren und dem Glykogen. Der Anteil der Lipolyse steigt bereits nach 30 min Belastung an, abhängig vom Trainingszustand und der Größe der Glykogenspeicher. Gut „Ausdauertrainierte" sind in der Lage, Fett früher und mit größerem Anteil zu verbrennen. So können sie die Glykogenreserven für intensivere Belastungs-abschnitte, wie z. B. einen Sprint schonen.

Wichtig ist auch zu wissen, dass Fette 2,5 Mal mehr Energie liefern als Kohlenhydrate und dass die Fettspeicher um vieles größer sind als die Glykogenreserven. Außerdem ist die Speicherung von Fetten im Körper im Gegensatz zur Zuckerspeicherung nicht mit Wassereinlagerung verbunden. Sie ist folglich platz- und gewichtssparend. Allerdings werden Fette, wie schon erwähnt, nur sehr langsam mobilisiert.

Bei Belastungen von mehr als zwei Stunden ohne Nahrungszufuhr ist die Leber in der Lage auch aus „Nicht-Zuckern", wie z. B. Aminosäuren, Laktat und Glyzerin (Glyzerin entsteht beim Fettabbau) Glukose zu synthetisieren. Diese Reaktion wird als Glukoneogenese bezeichnet.

Proteine werden normalerweise als Baustoffe und weniger als Energiespender genutzt. Allerdings können Aminosäuren bei Belastungen von mehr als zwei Stunden Dauer und reduzierten intramuskulären Glykogenspeichern 5 - 15 % der Gesamt-energie liefern.

Zusammenfassend ist der Energiebereitstellungsprozess in der folgenden Graphik dargestellt. Man sieht sehr gut, dass die einzelnen Energielieferanten auch parallel genutzt werden, je nach Belastungsintensität.

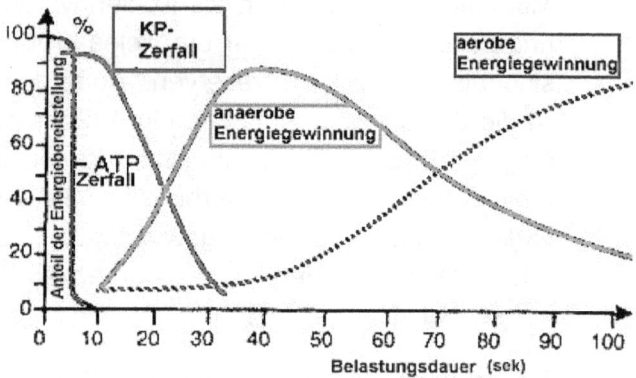

Abb.: Energiebereitstellung in Abhängigkeit von Dauer und Intensität der Belastung

3 Allgemeine Ernährungsempfehlungen für Sportler

Gesundheit ist die Basis für Leistung. Eine ausgewogene Ernährung ist die Voraussetzung für eine leistungssteigernde

Ernährung, egal ob Leistungssportler oder Freizeitsportler. Für die meisten Aktiven die 2-3x/Woche im Fitnessstudio mit mindesten mittlerer Intensität und insgesamt ca. 6 Stunden wöchentlich trainieren, liefert eine Ernährung gemäß den Basisempfehlungen der DGE bzw. der Lebensmittelpyramide der SGE die besten sportlichen Resultate. Die Empfehlungen gewährleisten eine ausreichende Energiezufuhr sowie eine ausreichende Zufuhr an lebensnotwendigen Nähr- und Schutzstoffen.

Vollwertig essen und trinken nach den 10 Regeln der DGE:

1. **Die Lebensmittelvielfalt genießen**
   Vollwertiges Essen und Trinken beinhaltet eine abwechslungsreiche Auswahl, angemessene Menge und Kombination nährstoffreicher und energiearmer Lebensmittel. Wählen Sie überwiegend pflanzliche Lebensmittel. Diese haben eine gesundheitsfördernde Wirkung und unterstützen eine nachhaltige Ernährungsweise.

2. **Reichlich Getreideprodukte sowie Kartoffeln**
   Brot, Getreideflocken, Nudeln, Reis,

am besten aus Vollkorn, sowie Kartoffeln enthalten reichlich Vitamine, Mineralstoffe sowie Ballaststoffe und sekundäre Pflanzenstoffe. Verzehren Sie diese Lebensmittel mit möglichst fettarmen Zutaten. Mindestens 30 g Ballaststoffe, vor allem aus Vollkornprodukten, sollten es täglich sein. Eine hohe Zufuhr senkt die Risiken für verschiedene ernährungsbedingte Krankheiten.

3. **Gemüse und Obst – Nimm „5 am Tag"**
   Genießen Sie 5 Portionen Gemüse und Obst am Tag, möglichst frisch, nur kurz gegart oder gelegentlich auch als Saft oder Smoothie – zu jeder Hauptmahlzeit und als Zwischenmahlzeit: Damit werden Sie reichlich mit Vitaminen, Mineralstoffen sowie Ballaststoffen und sekundären Pflanzenstoffen versorgt und verringern das Risiko für ernährungsbedingte Krankheiten. Bevorzugen Sie saisonale Produkte.

4. **Milch und Milchprodukte täglich, Fisch ein- bis zweimal in der Woche, Fleisch, Wurstwaren sowie Eier in Maßen**

Diese Lebensmittel enthalten wertvolle Nährstoffe, wie z. B. Calcium in Milch, Jod, Selen und Ω-3 Fettsäuren in Seefisch. Entscheiden Sie sich bei Fisch für Produkte mit anerkannt nachhaltiger Herkunft. Im Rahmen einer vollwertigen Ernährung sollten Sie nicht mehr als 300 – 600 g Fleisch und Wurst pro Woche essen. Fleisch ist Lieferant von Mineralstoffen und Vitaminen (B_1, B_6 und B_{12}). Weißes Fleisch (Geflügel) ist unter gesundheitlichen Gesichtspunkten günstiger zu bewerten als rotes Fleisch (Rind, Schwein). Bevorzugen Sie fettarme Produkte, vor allem bei Fleischerzeugnissen und Milchprodukten.

5. **Wenig Fett und fettreiche Lebensmittel**

   Fett liefert lebensnotwendige (essenzielle) Fettsäuren und fetthaltige Lebensmittel enthalten auch fettlösliche Vitamine. Da es besonders energiereich ist, kann die gesteigerte Zufuhr von Nahrungsfett die Entstehung von Übergewicht fördern. Zu viele gesättigte Fettsäuren erhöhen das Risiko für Fettstoffwechselstörungen, mit der möglichen Folge von Herz-Kreislauf-Krankheiten. Bevorzugen Sie pflanzliche Öle und Fette (z. B. Raps- und Sojaöl und daraus hergestellte Streichfette). Achten Sie auf unsichtbares Fett, das in Fleischerzeugnissen, Milchprodukten, Gebäck und Süßwaren sowie in Fast-Food und Fertig- Produkten meist enthalten ist. Insgesamt 60 – 80 g Fett pro Tag reichen aus.

6. **Zucker und Salz in Maßen**
Verzehren Sie Zucker und Lebensmittel bzw. Getränke, die mit verschiedenen Zuckerarten (z. B. Glucosesirup) hergestellt wurden, nur gelegentlich. Würzen Sie kreativ mit Kräutern und Gewürzen und wenig Salz. Wenn Sie Salz verwenden, dann angereichert mit Jod und Fluorid.

7. **Reichlich Flüssigkeit**
Wasser ist lebensnotwendig. Trinken Sie rund 1,5 lFlüssigkeit jeden Tag. Bevorzugen Sie Wasser – ohne oder mit Kohlensäure – und energiearme Getränke. Trinken Sie zuckergesüßte Getränke nur selten. Diese sind energiereich und können bei

gesteigerter Zufuhr die Entstehung von Übergewicht fördern. Alkoholische Getränke sollten wegen der damit verbundenen gesundheitlichen Risiken nur gelegentlich und nur in kleinen Mengen konsumiert werden.

8. **Schonend zubereiten**
Garen Sie die Lebensmittel bei möglichst niedrigen Temperaturen, soweit es geht kurz, mit wenig Wasser und wenig Fett – das erhält den natürlichen Geschmack, schont die Nährstoffe und verhindert die Bildung schädlicher Verbindungen. Verwenden Sie möglichst frische Zutaten. So reduzieren Sie überflüssige Verpackungsabfälle.

9. **Sich Zeit nehmen und genießen**
Gönnen Sie sich eine Pause für Ihre Mahlzeiten und essen Sie nicht nebenbei. Lassen Sie sich Zeit, das fördert Ihr Sättigungsempfinden.

10. **Auf das Gewicht achten und in Bewegung bleiben**
Vollwertige Ernährung, viel körperliche Bewegung und Sport (30 – 60 Minuten pro Tag) gehören zusammen und helfen Ihnen dabei,

Ihr Gewicht zu regulieren. Gehen Sie zum Beispiel öfter einmal zu Fuß oder fahren Sie mit dem Fahrrad. Das schont auch die Umwelt und fördert Ihre Gesundheit.

Lebensmittelpyramide der SGE

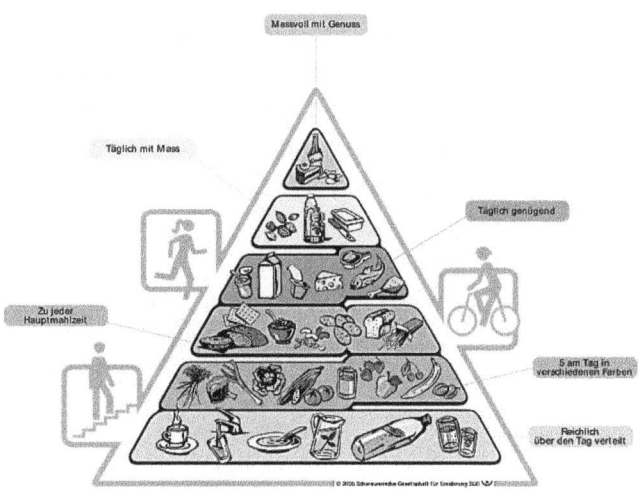

Die Basis der Pyramide bilden die Getränke. Pro Tag sollte jeder 1,5 - 2,0 l Flüssigkeit zu sich nehmen. Bevorzugt in Form von ungezuckerten Getränken, wie z. B. Mineralwasser (beim Sport am besten ohne Kohlensäure), ungesüßte Früchte- oder Kräutertees. Koffeinhaltige Getränke sollten nur maßvoll getrunken werden. Pro Stunde Sport empfiehlt die SGE ca. 400 ml Flüssigkeit zusätzlich. Genaueres zum Trinkverhalten finden sie in einem der späteren Kapitel.

Die nächste Ebene der Pyramide beinhaltet Gemüse und Früchte. Pro Tag sollen drei Portionen Gemüse, davon mindestens eine Portion roh, verzehrt werden. Eine Portion entspricht etwa 120 g. Grob abschätzen lässt sich die Menge mit der Hand. So ist eine Portion die Menge, die in eine Hand passt. Neben Gemüse sollen täglich zwei Portionen Obst verspeist werden. Saisonales Obst und Gemüse ist zu bevorzugen. Eine Portion kann auch durch 200 ml Fruchtsaft ersetzt werden. Auch Sportler können sich an diese Empfehlungen halten.

Vollkornprodukte und Hülsenfrüchte sind Bestandteil der dritten Ebene. Pro Tag sollen drei Portionen auf dem Speiseplan stehen. Davon möglichst zwei in Form von Vollkornprodukten. Eine Portion ist etwa 75 g – 125 g Brot oder 180 g – 300 g Kartoffel (roh) oder 45 g – 75g Flocken/ Teigwaren/ Mais/ Reis/ sonstiges Getreide. Die Portionsgröße bei den Hülsenfrüchten, wie z.B. Linsen, liegt zwischen 60 g – 100 g roh. Die kleinere Mengenangabe ist für Frauen, die größere für Männer gedacht. Die Sportler sollten pro Stunde Training eine Portion zusätzlich essen.

Ebene vier beinhaltet Milch, Milchprodukte, Eier, Fisch und Fleisch. Pro Tag empfiehlt die SGE -am besten im Wechsel- eine Portion Fisch (100 g -120 g) Fleisch (100 g – 120 g), 2-3 Eier, Käse (60 g Hartkäse oder 200 g Hüttenkäse oder Quark) oder eine andere Eiweißquelle, wie z.B. Tofu. Zusätzlich sollten täglich drei Portionen Milch oder Milch-produkte verzehrt werden. Eine Portion sind etwa 200 g bzw. 200 ml. Mit dieser Empfehlung sind auch alle Freizeitsportler ausreichend mit Eiweiß und mit Kalzium versorgt.

Stufe fünf ist die Gruppe der Öle, Fette und Nüsse. Die Empfehlung lautet täglich eine Portion (10 g – 15 g = 2-3 Kaffeelöffel) Pflanzenöl für die kalte (z.B. Rapsöl oder Olivenöl) und eine Portion für die warme Küche. Statt der Portion Pflanzenöl kann auch 10 g Streichfett als Brotaufstrich verwendet werden. Empfohlen werden täglich 25 g Nüsse. Der Sportler sollte pro Stunde Sport ½ Portion zusätzlich verzehren.

Die Pyramidenspitze beinhaltet die Süßigkeiten, salzige Knabbereien und energiereichen Getränke (Soft Drinks, Energy Drinks, alkoholische Getränke). Alle Lebensmittel dieser Gruppe sollten nur in Maßen gegessen bzw. getrunken werden und dabei genossen werden. Eine Portion am Tag ist vertretbar. Analoges gilt für Sportler, zumal Alkohol die Regenerationszeit erheblich verlängert.

4 Spezifische Ernährungsempfehlungen für Ausdauersportler und die Teilnehmer an ausdauerbetonten Gruppenfitnesskursen, wie RPM® oder Body Attack® von Les Mills®

Obwohl den meisten Trainierenden bekannt ist, dass Leistung – auch sportliche – nur mit einer spezifischen Ernährung möglich ist, begegne ich im Alltag immer wieder heftigen Ernährungsfehlern. Die Ursache liegt teilweise am fehlenden vor allem praktischen Ernährungswissen teilweise aber auch an der zu lässigen Einstellung seiner eigenen Ernährung gegenüber. Wer als Sportler das tägliche Essen und das tägliche Trinken nicht ernst nimmt, verzichtet leider auf einen sehr wesentlichen Baustein seines sportlichen Erfolgs.

Häufige Fehler sind:

- Mit leerem Magen trainieren.
- Auf das Trinken verzichten.
- Falsch Essen, d.h. zu fett- und eiweißreich anstatt kohlen-hydratbetont.
- Süßigkeiten, Limonade, Fast Food anstatt vollwertiger Ernährung.

Ausdauer ist eines der wichtigsten Trainingsziele von Fitnessstudiomitgliedern. Ausdauertraining ist laut Definition die Fähigkeit, eine bestimmte Leistung über einen möglichst langen Zeitraum aufrecht zu erhalten, das heißt der Ermüdung möglichst lange entgegenzuarbeiten. Für Ausdauersportler sind Kohlenhydrate der wichtigste Trainingspartner. Viele wissenschaftliche Studien belegen, dass die Aufnahme von Kohlenhydraten nachweislich zur Verbesserung der Leistungsfähigkeit in Ausdauerdisziplinen führt. Durch die Nahrungsaufnahme werden die Muskelglykogenspeicher geschont und die Belastungsfähigkeit gesteigert. Es wird empfohlen 60 % - 65 % der Gesamtkalorienmenge in Form von Kohlenhydraten aufzunehmen. Diese sollten sich zu 85 % - 90 % aus komplexen Kohlenhydraten (Polysaccharide) und zu 10 % - 15 % aus Einfachzuckern (Saccharose) zusammensetzen. Pro Stunde Ausdauertraining sollten 30 g - 60 g Kohlenhydrate, z.B. eine Banane und 250 ml Wasser, aufgenommen werden.

Besonders vor einem anstrengenden Training oder Wettkampf sollten die Glykogenspeicher gefüllt sein. Ambitionierte Freizeitsportler, die z.B. an einem Indoorcycling-Marathon oder an einem mehrstündigen Aerobicevent teilnehmen wollen, haben die Möglichkeit, mittels Carboloading die Glykogenspeicherkapazität über den Normalwert hinaus zu steigern. Die Glykogenspeicher in der Laber und den Muskeln werden superkompensiert. Daher wird auch der Ausdruck Superkompensation verwendet.

Wie funktioniert nun eine solche Superkompensation?

Bereits 1939 wurde eine Kohlenhydratdiät zur Verbesserung der Ausdauerleistung empfohlen. Später fand man heraus, dass der Glykogengehalt nur dann superkompensiert werden kann, wenn zuvor die Muskel-glykogenspeicher vollständig entleert wurden. Dies wird in der Literatur als „Saltingdiät" beschrieben. Diese Theorie wurde zwischenzeitlich widerlegt. Demzufolge ist für die Superkompensation keine totale Speicherentleerung durch hochintensive Trainingseinheiten im Ausdauerbereich erforderlich. Bei der heute abgeschwächten Form des Carboloadings wird die sportliche Belastung nach einer intensiven Trainings-einheit allmählich reduziert (Taperig-Methode, d.h. auslaufen lassen der Trainingsbelastung). Der Kohlenhydratanteil der Gesamternährung beträgt etwa 50 %. Drei Tage vor dem sportlichen Event muss von der Mischkost auf eine sehr kohlenhydratbetonte Kost (70 %-80 % der Tageskalorien) gewechselt werden. Dies ist für den Sportler sehr schonend und führt zu maximal gefüllten Glykogenspeichern. Diese Phase drei Tage vor der sportlichen Herausforderung nennt man Ladephase. Weil mit langkettigen Zuckern nach 20 Stunden die Speicher genauso gut gefüllt werden wie mit Einfachzuckern, ist die Art der Kohlenhydrate unbedeutend. Empfohlen wird die tägliche Aufnahme von 8 g -10 g Kohlenhydrate pro kg Körpergewicht. Während der Ladephase muss die Trainingsbelastung gering gehalten werden. Außerdem muss der Tag vor dem Event unbedingt ein Ruhetag sein.

Hier nun einige Beispiele für Kohlenhydratmengen in einzelnen Lebensmitteln:

Lebensmittel	Kohlenhydratgehalt in g/100g
30 g Konfitüre	66
150 g Nudeln	75
150 g Früchtejoghurt	14
80 g Reis	78
1 Banane (150g)	21
1 Scheibe Vollkornbrot (50g)	21

Die Aufnahme von Mono- und Dissachariden (über Getränke, Banane, Gels) ist während oder unmittelbar nach der Trainingsbelastung günstig. Ein bis zwei Stunden nach dem Training sollten aber Speisen mit komplexen Kohlenhydraten bevorzugt gegessen werden. Zu beachten ist hier, dass die Vollkorn-produkte zwar mehr Mikronährstoffe liefern aber schneller sättigen, so dass je nach Körpergewicht nicht die Menge an Kohlenhydraten aufgenommen werden kann, die für die Superkompensation erforderlich ist. Außerdem belasten Vollkornprodukte den Verdauungstrakt. Besser geeignet sind daher bekömmliche Speisen, wie Mischbrote, Nudeln mit Gemüse oder auch Kohlenhydratriegel, Getränke und Gels.

Der große Vorteil des Carboloadings ist, dass der Sportler bei ausreichend großen Glykogenspeichern seine Geschwindigkeit bzw. die Intensität seiner sportlichen Leistung lange hoch halten kann. Zusätzlich ist ein hoher Leberglykogenspeicher dafür verantwortlich, dass der Blutzuckerspiegel konstant bleibt und somit leistungsstabilisierend wirkt. Niedrige Glykogenspeicher im Muskel führen zur schnelleren Ermüdung. Die Intensität der sportlichen Leistung muss deutlich reduziert werden, damit der Körper seine Energie stärker aus den Fetten generieren kann (Lipolyse). An dieser Stelle möchte ich noch einmal erwähnen, dass die Größe der Glykogenspeicher auch immer mit der Ausdauertrainiertheit einhergeht.

Leider hat das Carboloading auch einen entscheidenden Nachteil, nämlich die damit verbundene Wassereinlagerung. Ein Gramm Glykogen bindet ca. 2,6 ml Wasser. Das sind bei 300 g Glykogen ca. 800 g Wasser bzw. 1,1 kg mehr Körpergewicht, das der Sportler mittragen muss.

Für eine gute Einlagerung von Kohlenhydraten in die Speicher ist auch eine gute Kaliumversorgung wichtig, da pro Gramm Glykogen 20mg Kalium gespeichert werden. Kaliumreiche Lebensmittel sind Paprika, Karotten und Bananen.

Das in diesem Kapitel beschriebene Carboloading empfehle ich den Sportlern, die im Club oder an der frischen Natur eine Ausdauerbelastung von 3-4 Stunden planen. Bei Belastungen von 1-2 Stunden pro Trainingseinheit gelten folgende Regeln:

Vor dem Training:

- Die letzte große Mahlzeit sollte ca. 3 Stunden vor dem Training eingenommen werden.
- Nie mit leerem Magen zum Training.
- Unmittelbar vor der Ausdauereinheit empfiehlt es sich eine „Kohlenhydratbombe" zu sich zu nehmen. Das steigert die Leistung enorm. Hier empfehle ich, z. B. eine Banane oder einen fettarmen Müsliriegel. Beide kann man gut in seine Sporttasche

- packen und beide sind leicht und schnell verdaulich, so dass deren Energie schnell zur Verfügung steht.
- Durstig sollte man das Training auch nicht starten. Daher empfiehlt es sich ca. 2 Stunden vor Trainingsstart 300 ml – 500 ml zu trinken und unmittelbar davor 150 ml – 300 ml. Am geeignetsten sind kohlensäurearme Mineralwässer.

Während des Trainings:

Bei Aktivitäten von mehr als 30 min sollte man alle 15 min – 20 min Flüssigkeit zu sich nehmen. Im Fitnessstudio kann jeder ganz bequem eine Trinkflasche mit sich führen. Für Outdoor - Sportler gibt es hierfür spezielle Trinkrucksäcke. Abgeraten wird davor, große Mengen an zuckerhaltigen Getränken zu trinken. Diese bewirken nämlich einen sehr schnellen Blutzuckerspiegelanstieg verbunden mit einem heftigen Insulinschub. Dieser wiederum hemmt die Lipolyse, so dass die Energievorräte aus den Glykogenspeichern früh zur Neige gehen. Folge ist ein schneller Leistungseinbruch. Bei langen Trainingsbelastungen (mehr als 2 Stunden) oder gar mehreren Einheiten am Tag reicht die Zufuhr von Flüssigkeiten, auch wenn sie mit Kohlenhydraten angereichert sind, nicht aus.

Hier empfiehlt es sich pro Stunde eine Kleinigkeit, wie z.B. eine Banane, ein Rosinenbrötchen oder ein Energieriegel zu essen.

Nach dem Training:

Nach dem Training ist vor dem nächsten Training. Daher ist eine schnelle Regeneration oberstes Ziel. Diese kann mittels entsprechender Nahrung bzw. entsprechenden Getränken recht gut beeinflusst werden. Zuerst muss das durch das Schwitzen entstandene Flüssigkeitsdefizit schnell ausgeglichen werden. Der Sportler sollte dabei langsam trinken und keine zu kalten Getränke hinunterstürzen. Am besten geeignet sind Fruchtsaftschorlen oder Getränke auf Milch-Fruchtsaft-Basis. Sehr wichtig ist auch die Wiederauffüllung der Energiereserven. Etwa 1-2 Stunden nach dem Training sollten leicht verdauliche Kohlenhydrate verzehrt werden. Die Nahrung sollte außerdem nicht zu fetthaltig sein. Achtung! Alkohol verzögert die Regeneration. Lieber ein alkoholfreies Hefeweizen, wenn es denn ein Bierchen in geselliger Runde sein muss. Des Weiteren muss an die entsprechende Eiweißzufuhr gedacht werden. Sowohl verschiedene Eiweißstrukturen im Körper als auch die für die Energiebereitstellung herangezogenen

Proteine müssen ersetzt werden. Wissenschaftlich wurde belegt, dass z. B. die verzweigtkettigen Aminosäuren Valin, Leucin und Isoleucin bei Langzeitausdauerbelastungen die sogenannten zentralen Ermüdungserscheinungen hemmen.

Prof. Dr. A. Berg und Prof. Dr. M. Hamm empfehlen Ausdauersportlern eine Tagesproteinzufuhr von 1,4 g pro kg Körpergewicht. Im Gegensatz zu früheren sportmedizinischen Aussagen erscheinen heute mehr als 2 g pro kg Körpergewicht nicht mehr vertretbar. Dabei sollte der Anteil von tierischen und pflanzlichen Proteinen bei je 50 % liegen. So ist nämlich gewährleistet, dass die Menge an verzehrten negativen Proteinbegleitern aus tierischen Quellen, wie Cholesterin und die Purine noch gesundheitlich akzeptabel ist.

Nach der Belastung wirkt sich die Aufnahme von schnell verfügbaren Kohlenhydraten in Kombination mit Eiweiß positiv auf die Neubildung an Muskelglykogen aus. So konnte wissenschaftlich nachgewiesen werden, dass durch diese kombinierte Aufnahme die Glykogenvorräte im Muskel anstatt nach erst 16-20 Stunden bereits nach 4-8 Stunden aufgefüllt waren, was letztlich auch zu einer schnelleren Regeneration führt. Ein Bananenshake mit

250 ml fettarmer Milch, einer kleinen Banane und einem Teelöffel Honig ist ein Beispiel einer solchen Eiweiß-Kohlenhydrat-Kombination. Übrigens emp-fiehlt auch die aktuelle Ausgabe Shape (Oktober 2014) einen solchen Milchshake.

Die Aufnahme von bestimmten Aminosäuren kann die Ausdauerleistung erheblich unterstützen. Leucin ist ein Beispiel für eine solche Aminosäure. Leucin ist enthalten in Mais, Hafer und Molke. Die Aminosäure Tryptophan wirkt Stresssituationen entgegen und ist in größeren Mengen enthalten in Bananen, Nüssen, Hüttenkäse und Fisch. Tyrosin, ein weiterer Vertreter, regt den Stoffwechsel an. Man findet sie in größeren Mengen in Milchprodukten und Sojaprodukten. Weiterhin dient Isoleucin zur Regeneration im Ausdauerbereich. Sie ist vorhanden in Milch, Eiern und Haselnüssen. Auch Histidin ist eine für den Ausdauersport wichtige Aminosäure. Sie ist in Eiern, Bananen und Thunfisch zu finden und ist wichtig für die Synthese des roten Blutfarbstoffs, der für den Sauerstofftransport verantwortlich ist.

Es gibt aber auch Aminosäuren, die vermieden werden sollen. So ist es ratsam die Aufnahme der Aminosäuren Asparaginsäure, die im Süßstoff Aspartam vorkommt und Glutaminsäure, die im Glutamat also in Fertigsuppen und Fast Food vorkommt, zu reduzieren. Beide sind saure Aminosäuren und können bei hoher Aufnahme zu einer Übersäuerung des Körpers führen. Dies ist nachteilig für die Regeneration und den Stoffwechsel. Basische Aminosäuren, wie Lysin, welche in Soja, Käse und Eiern enthalten ist, können dieser Übersäuerung entgegenwirken.

Beispiel für einen Fitness-Ernährungsplan für Freizeitausdauersportler in der Trainingsphase (2500 kcal) zzgl. kalorienfreier Flüssigkeit in Höhe der Schweißverluste:

	Energie (kcal)	Kohlenhydrate (g)	Fett (g)	Eiweiß (g)
Frühstück: 150 ml ungezuckerter Kaffee etwas Kaffeemilch Müsli aus:	0	0	0	0
150 ml Orangensaft	66	14	0	1
1EL Müslimischung mit Nüssen	188	28	6	6
150 g Joghurt	75	8	2	5

1 Banane	110	25	0	2
Zwischenmahlzeit: 200 ml Mineralwasser	0	0	0	0
100 ml Apfelsaft	45	11	0	1
Brot mit: 1 Scheibe Vollkornbrot	97	19	1	3
1 TL Frischkäse (30 % F. i. Tr.)	14	0	1	1
1 Scheibe Putenbrust	26	0	0	6
Mittagessen: 300 ml Mineralwasser	0	0	0	0
150 g Putenbrust	156	0	2	36
10 g Rapsöl zum Anbraten	92	0	10	0
200 g Karotten	50	10	0	2
100 g Reis (Trockengewicht)	345	78	1	7
125 Schokopudding	145	23	5	4
Nachmittagsmahlzeit: 150 ml ungezuckerter Kaffee	0	0	0	0

etwas Kaffeemilch 150 g Obstkuchen	287	60	3	3
Abendessen: 300 ml alkoholfreies Bier	83	1	0	2
Brote mit: 2 Scheiben Roggenvollkornbrot	193	40	1	7
1 Scheibe Gouda (30g)	90	0	7	7
1 TL Margarine	36	0	4	0
2 Scheiben Putenbrust	52	0	2	10
Salat aus: 2 Tomaten, ¼ Salatgurke	29	6	0	0
1 EL Olivenöl, 1 EL Essig frische Salatkräuter, etwas Salz	90	0	10	0
Spätmahlzeit: 150 ml Kräutertee	0	0	0	0
50 g Salzstangen	168	37	5	0
SUMME:	2500	376	62	93

Leckeres Rezept für Ausdauersportler: Spaghetti mit Lauch

Zutaten pro Portion:

- ½ Knoblauchzehe
- 2 Scheiben Putenbrust
- 100 g Lauch (Porree)
- 100 g Vollkornspaghetti
- 1 TL Olivenöl
- 200 g passierte Tomaten
- etwas Salz, Pfeffer, 1 TL Zucker, ein paar Basilikumblätter

1. Knoblauch hacken, Putenbrust und Lauch klein schneiden, Nudeln mit dem Lauch in Salzwasser bissfest kochen (ca. 10 min).
2. Putenbrust in Olivenöl anbraten, heraus nehmen, Knoblauch in Öl andünsten, Tomaten dazu geben, mit etwas Zucker und Pfeffer würzen, ca. 5 min köcheln.
3. Nudel und Lauch abgießen, Putenbrust dazu geben, abschmecken und mit ein paar Basilikumblätter anrichten.

Zubereitungszeit ca. 20 min

Nährwerte pro Portion: ca. 510 kcal, 25 g Eiweiß, 11 g Fett, 80 g Kohlenhydrate

5 Spezifische Ernährungsempfehlungen für Kraftsportler oder Teilnehmer an kraftbetonten Gruppenfitnesskursen, wie z. B. Body Pump® von Les Mills®

Bevor ich mit dem Kapitel beginne möchte ich ausdrücklich darauf hinweisen, dass ich die Ernährung eines reinen Body Builders in meiner Empfehlung nicht berücksichtige.

Das American College of Sports Medicine (ACSM) empfiehlt Sportlern in kraftbetonten Disziplinen die tägliche Zufuhr von 1,2 g -1,7 g Protein pro kg Körpergewicht. Trainingsanfänger benötigen in den ersten Trainingswochen eher 1,7 g pro kg Körpergewicht. Nachdem sich ihr Körper an die Trainingsbelastung gewöhnt hat kann er jedoch auf 1,2 g pro kg Körpergewicht reduzieren. Dies ist erklärbar mit der Erhöhung der Biosynthese der Muskeln in der ersten Trainingsphase. Außerdem benötigt auch die gewachsene Muskelmasse mehr Eiweiß. So kann die Leistungsfähigkeit und die Regeneration positiv beeinflusst werden.

Wer nicht mehr als zwei Mal wöchentlich ein Krafttraining absolviert, benötigt keine Eiweißsupplemente. Die notwendige Eiweißzufuhr eines Breitensportlers kann problemlos über eine ausgewogene Zufuhr von biologisch hochwertigen tierischen und pflanzlichen Eiweißquellen gedeckt werden.

Methodisch gut durchgeführte Studien belegen eindeutig, dass Proteinzufuhren von mehr als 2 g pro Tag und kg Körpergewicht den Muskelzuwachs nicht erhöhen. Dies bedeutet auch, dass Leistungen im Kraftbereich nicht verbessert werden können. Außerdem führen Proteinaufnahmen von dieser Höhe auf Dauer zu Nierenbelastungen. Nachweißlich kann es bei isolierten Aufnahmen von Eiweißpräparaten sogar zu vermehrten Kalzium- und Phosphatverlusten kommen. Folge ist die Abnahme der Knochendichte, was im Extremfall zu einer Osteoporose führen kann.

Bei einigen Aminosäuren wurden ganz interessante Wirkungen nachgewiesen. So wurde herausgefunden, dass Glutamin einen „allgemeinen" regenerationsfördernden Effekt besitzt. Außerdem erhöht Glutamin die Immunabwehr.

Vorkurzem wurde am ACSM sogar ein Proteinloading analog zu einem Carboloading untersucht. In einem Experiment mussten acht Radrennfahrer drei Wochen lang ein Trainingsprogramm mit Wettkämpfen, Training und Erholungsphasen absolvieren. Vier der Probanden bekamen täglich 1,5 g Eiweiß pro kg Körpergewicht, die anderen 3 g. Es wurde herausgefunden, dass die Gruppe mit mehr Proteinzufuhr nicht nur eine bessere Ausdauerleistung zeigte sondern generell weniger gestresst wirkte. Zurückzuführen ist das auf die Aminosäure Tyrosin, die auch als sogenannter „Mood Booster" gilt.

In den letzten Jahren wurde die Proteinforschung recht stark vernachlässigt. Sie wird jetzt wieder angekurbelt, so dass man darauf gespannt sein darf, welche positiven Eigenschaften so manche Aminosäure in entsprechender Dosis noch hervorrufen wird.

Williams M.H. empfiehlt möglichst innerhalb von zwei Stunden nach Trainingsende die Zufuhr einer Kombination von 3 Teilen Kohlenhydraten und 1 Teil Protein zu sich zu nehmen. Also 1,2 g KH/ kg Körpergewicht + 0,4 g Eiweiß/ kg Körpergewicht. Das kann z. B. ein Joghurt-Sportriegel sein, ein Brot mit magerem Käse bzw. Kochschinken oder, wie bereits erwähnt, ein Bananenmilchshake. Grundsätzlich muss immer die biologische Wertigkeit von eiweißbetonten Speisen beachtet werden. Außerdem sollte es sich um fettarme Eiweißquellen handeln, da diese weniger Fett, Cholesterin und Purine liefern. Also Qualität vor Quantität.

Da die empfohlene tägliche Proteinzufuhr für Sportler in kraftbetonten und ausdauer-betonten Disziplinen nahezu gleich bei durchschnittlich ca. 1,5g /kg Körpergewicht liegen sollte, verweise ich an dieser Stelle auf den Tagesernährungsplan im vierten Kapitel.

An dieser Stelle möchte ich eine Frage beantworten, die sich jeder ambitionierte Kraftsportler sicherlich schon einmal gestellt hat: Wieviel Eiweiß wird benötigt, um ein Kilogramm Muskulatur aufzubauen? Zur Beantwortung ist es wichtig zu wissen, dass die Skelettmuskulatur aus 70 % Wasser, 22 % Eiweiß, 7 % Lipide und 1 % Mineralstoffen, Spurenelementen etc. besteht. Somit beinhaltet ein Kilogramm Muskulatur ca. 220 g Eiweiß. Wird eine Zunahme von fettfreier Körpermasse von einem Kilogramm pro Monat angestrebt, so sind das zusätzlich 220 g Eiweiß im Monat also ca. 8 g pro Tag. Hinzu kommt noch die Menge an Eiweiß, die man täglich zu sich nehmen sollte. Also etwa 1,2 pro kg Körpergewicht.

Qualität vor Quantität ist auch hier der entscheidende Tipp. Muskelaufbauende Aminosäuren sollten vermehrt auf dem Speiseplan stehen. Das sind die verzweigtkettigen Aminosäuren auch BCAAs (Branchen Chain Amino Accids) genannt. Zu ihnen gehören Valin, Leucin und Isoleucin. Valin hemmt im

Muskelgewebe den Proteinkatabolismus und fördert den Anabolismus und den Erhalt von Muskelprotein besonders nach dem Training sowie nach Erkrankungen. Valin ist reichlich enthalten in Thunfisch, Lachs, Linsen, Bohnen, Gouda und Haferflocken.

Dieselben positiven Eigenschaften besitzt Leucin. In größeren Mengen ist sie zu finden in Erdnüssen, Sojabohnen und Garnelen.

Isoleucin hat eine ganz besondere Funktion im Proteinstoffwechsel. Als essentielle Aminosäure ist sie vorwiegend am Aufbau neuer Gewebestrukturen in den Muskeln und in der Leber beteiligt. Lebensmittel mit größeren Isoleucingehalten sind Milchprodukte, Eier, Erdnüsse und Fleisch.

<u>Leckeres low-carb Rezept für Kraftsportler: Brokkoli Salat mit Lachs auf Tomaten</u>

Die Zutaten pro Portion:

- Halber Kopf Brokkoli frisch
- 3 Tomaten gewürfelt
- 1 Lachsfilet
- 1 rote Zwiebel
- 1 Knoblauch
- Balsamico Essig
- Olivenöl

- Salz, Pfeffer, Schnittlauch
- Kräuter de Provence

Brokkolisalat:

- Den Brokkoli klein Schneiden und zwei Minuten mit etwas Wasser dünsten lassen.
- Eine halbe Zwiebel und zwei der Tomaten in kleine Würfel schneiden und in eine Salatschüssel geben.
- Mit Olivenöl, Balsamico Essig, Meersalz, Pfeffer und Schnittlauch würzen.
- Den abgekühlten Brokkoli beifügen und vermengen.

Lachs auf Tomaten:

- Eine große Tomate in Scheiben schneiden.
- Olivenöl, Zwiebeln und Knoblauch in die Pfanne geben.
- Tomaten flach auslegen.
- Ein Lachs Filet drauf legen.
- Bei niedriger Hitze mit Deckel ca. 20 min. garen.
- Nach der Hälfte der Zeit Filets drehen.
- Pfeffer, Salz und Kräuter de Provence darüber streuen.

Zubereitungszeit ca. 30 min

Nährwerte pro Portion: ca. 254 kcal, 27 g Eiweiß, 12 g Fett, 12 g Kohlenhydrate

6 Ernährungsempfehlungen für Sportler, die ihr Körpergewicht reduzieren wollen

Eine Gewichtsreduktion basiert laut DGE auf drei Säulen. Die erste Säule ist die Ernährungsumstellung auf eine fettkontrollierte, ausgewogene und abwechslungsreiche Mischkost. Die zweite Säule ist ausreichend Bewegung und Sport, was sie als Fitnessstudiobesucher ja schon erfolgreich in die Tat umsetzen. Und die dritte Säule, ohne die gar nichts geht, ist die Motivation und Psyche. Alle drei müssen zusammenspielen, um langfristig das Gewicht zu reduzieren und auch zu halten. Bei starkem Übergewicht mit einem BMI größer 30 % muss auf jeden Fall ein Arzt das Gewichtsreduktionsprogramm und das parallel stattfindende Fitnessprogramm begleiten. Da die Motivation und Disziplin in der Gruppe oder mit einem Trainingspartner, -Partnerin höher sind empfehle ich eine/einen ebensolche/ ebensolchen zu suchen.

Formulardiäten sind langfristig nicht zu empfehlen. Ziel sollte es nämlich sein, seine Ernährung und sein Sportverhalten grundsätzlich zu überdenken und positiv zu verändern. Bei Adipösen kann eine Formulardiät allerdings mit ärztlicher Betreuung durchaus zum Einstieg in die Gewichtsreduktionsphase gute Erfolge bringen.

Wird die Nahrung stark eingeschränkt (tägliche Kalorienzufuhr von weniger als 900 kcal-1000 kcal) muss auf jeden Fall berücksichtigt werden, dass der Energie- und damit verbundene Nährstoffmangel zur erhöhten Anfälligkeit von Krankheiten führt. Außerdem kommt es schnell zum Abbau der Muskulatur und die körperliche Leistung wird sehr stark reduziert. Der Sport wird zur Qual und der Körper ermüdet sehr schnell. Darüber hinaus geht eine verminderte Muskelmasse einher mit einem reduzierten Grundumsatz. Um zu verhindern, dass es durch zu hoch gesteckte Ziele, die man schnell erreichen möchte, zu gesundheitlichen Problemen und starkem Leistungsabfall kommt, empfiehlt es sich vor Beginn einer Reduktionsdiät den Körperfettanteil zu bestimmen. In den meisten Clubs werden solche Messungen angeboten. Gemeinsam mit einem kompetenten Trainer oder Ernährungsberater ist es dann sinnvoll ein realistisches Gewichtsreduktionsziel zu definieren. Es gilt die smart-Regel. Das bedeutet, dass das Ziel spezifisch, messbar, attraktiv, realistisch und in einem bestimmten Zeitraum erreichbar, sein sollte.

Um einen langfristigen Erfolg bei der Gewichtsreduktion zu haben, rate ich in jedem Fall von Crash-Diäten und einseitigen

Ernährungsformen ab. Diese sind nämlich verbunden mit erheblichem Nährstoffmangel und führen zu starken Leistungseinbrüchen, was das Trainieren nahezu unmöglich macht. Die Attkins-Diät, die als sogenannte low carb Diät die Zufuhr von Kohlenhydraten verbietet und auf fett- und eiweißbetonter Nahrungszufuhr basiert, führt zur Überladung von Fett, Cholesterin und Harnsäure, was gesundheitlich unter keinen Umständen vertretbar ist.

Um sein Gewicht gesund und unter Beibehaltung seiner körperlichen und geistigen Leistungsfähigkeit zu reduzieren, sollten folgende Empfehlungen befolgt werden:

- Keine kurzfristig-schnelle Gewichtsabnahme.
- Frühzeitige und realistische Zielgewichtsplanung, d. h. moderate Kalorienreduktion.
- Sanfte Gewichtsreduktion von ca. 2-3 kg pro Monat.
- Täglich nicht weniger als 1200 kcal + trainingsbedingter Kalorien konsumieren.
- Nährstoffreiche, kalorien- und fettreduzierte kohlenhydrat- und ballaststoffbetonte Mischkost mit hochwertigen Proteinen.

- Absolute Körperfettuntergrenze beachten: Bei Männern 5 %, bei Frauen 12 %.
- Bei langfristigen Diätphasen müssen eventuell Vitamine und Mineralien substituiert werden; daher regelmäßige Blutkontrolle beim Arzt.
- Grundsätzlich keine Verbote sondern flexible Kontrolle.
- Ernährungstagebuch führen.
- Achtsam essen.

An dieser Stelle möchte ich auf die Eiweißzufuhr eines Sportlers bei der Gewichtsreduktion eingehen. Dr. A. Berg empfiehlt bei Reduktionsdiäten eine erhöhte Eiweißzufuhr (bis zu 30 % der Tageskalorienaufnahme) und eine Verminderung der Fettaufnahme. Eiweißzufuhr und körperliche Aktivität wirken synergetisch auf die Initiierung der Proteinbiosynthese und der damit verbundenen Muskelproteinsynthese. Diese Wirkung ist dann optimal, wenn die Eiweißzufuhr unmittelbar nach dem Training stattfindet. Aktuelle Studien, so Prof. Berg von der Uni Freiburg, belegen eindeutig, dass durch eine erhöhte Eiweißaufnahme das subjektiv empfundene Sättigungsgefühl länger anhält und Hungergefühle erst verzögert auftreten.

Trotz kalorienreduzierter Kost ist es leichter diese Ernährungsmaßnahme durchzuhalten. Die Erfolgsaussichten für die langfristig angestrebte Ernährungsumstellung erhöhen sich immens.

Ein weiterer Aspekt, der für die erhöhte Eiweißzufuhr spricht, ist der thermogenetische Effekt dieser Nährstoffgruppe. Generell gibt es einen Zusammenhang zwischen Nahrungsaufnahme und Wärmebildung in unserem Organismus. Dieser wird über die spezifisch dynamische Wirkung der Nährstoffe beschrieben. Sie drückt aus, wieviel Energie ein Nährstoff im Stoffwechsel verliert. Bei Eiweiß ist dieser Effekt am größten, da die Eiweißverdauung im Stoffwechsel ein energetisch aufwendiger Prozess für den Körper ist. So wird bei Proteinen ca. 25 % - 30 % der aufgenommenen Energie für deren Verstoffwechselung gebraucht. Bei Kohlenhydraten im Vergleich sind es 6 % - 8 % und bei Fetten lediglich 2 % -3 %.

Weiterhin spricht für einen erhöhten Eiweißanteil bei der Nahrungszufuhr, dass dann die Fettsäuren vermehrt für die Energiebereitstellung herangezogen werden. Durch einen hohen Proteinanteil erhöht sich nämlich bei gleichzeitigem Training auch die Muskulatur und das für den Energieumsatz wichtigste Organ ist nun einmal die Muskulatur. Muskulöse Menschen haben generell einen höheren Grundumsatz und verbrennen so mehr Kalorien und auch Fettkalorien als inaktive untrainierte Menschen mit weniger Muskeln. Untersuchungen beim Verzehr von Milch- und Sojaproteinen belegen dies eindeutig. Allerdings ist bisher noch nicht geklärt, ob nicht vielleicht die Anpassung des Muskels bei Ausdauertraining (Anzahl der Mitochondrien in den Zellen erhöht sich) dafür verantwortlich ist, dass vermehrt die freien Fettsäuren durch die β-Oxidation in den Mitochondrien verbrannt werden um Energie zu liefern und nicht das Eiweiß.

Im Folgenden habe ich nun ein paar allgemeine Tipps zur gesunden Gewichtsreduktion zusammengefasst:

- Fettaufnahme reduzieren:

    Streichfett reduzieren also Margarine/Butter nur dünn bestreichen oder durch Senf, Magerquark, Frischkäse ersetzen

    statt Nutella lieber Konfitüre

    statt Schokolade lieber Gummibärchen

statt Bratwurst/ Bockwurst/ Salami/ Leberwurst lieber Putensteak oder Hähnchenbrust, Lachsschinken

vollfette Milchprodukte gegen fettarme tauschen, d.h. 1,5 % bzw. beim Käse 30 % F.i.Tr.

statt Pommes, Bratkartoffeln, Kroketten lieber Vollkornnudeln, Vollkornreis oder Salzkartoffeln

statt Sahnetorte lieber Obstkuchen mit Biskuitteig

grillen, garen statt panieren und braten

statt Sahnedressing lieber 1TL Olivenöl und Essig, Salatkräuter

- Zuckerverzehr reduzieren und langkettige Kohlenhydrate bevorzugen also Vollkornprodukte den Weißmehlprodukten vorziehen
- mind. 1*/Woche Fisch essen, wie Seelachs, Kabeljau, Thunfisch o. Öl
- 5 am Tag!, d.h. 2 „Hand voll" Obst, und 3 „Hand voll" Gemüse oder Rohkost
- Salzkonsum einschränken
- 2 l Flüssigkeit/Tag also Wasser, Kräuter-oder Früchtetee ohne Zucker
- Alkohol meiden

- Regelmäßige Mahlzeiten in Ruhe einnehmen

Rezepte für kalorienarme Soßen:

- Gemüsemix aus Sellerie, Karotte, Lauch dünsten und pürieren. Das ganze abschmecken mit Gemüsebrühe, wenig Salz, ein paar Tropfen Essig und ein paar Tropfen Kondensmilch.
- Tomatenmark mit Wasser verrühren, leicht erhitzen. Mit ein paar Spritzern Kondensmilch, Balsamicoessig, Knoblauch verfeinern.
- Frische Tomaten dünsten und passieren (alternativ Tomato el gusto). Mit Knoblauch, Essig, weinig Kondensmilch, frischen Gartenkräutern abschmecken und pürieren.

Beispiel für ein Frühstücksmüsli

Zutaten für eine Portion:

- 150 g frisches saisonales Obst
- 125 ml fettarme Milch

- 40 g kernige Haferflocken
- 1 EL Zitronensaft
- 1 TL Honig

Obst würfeln und mischen. Mit dem Zitronensaft beträufeln damit es nicht braun wird. Buttermilch mit Honig vermischen und über die Flocken geben. Die Masse mit dem Obst vermengen.

Pro Portion: 342 kcal, 10 g Eiweiß, 6 g Fett, 60 g Kohlenhydrate

Leckeres Rezept für ein Mittagessen:
Spinatlasagne

Zutaten für 4 Personen:

1 kg frischen oder Tiefkühl-Blattspinat
1 EL Rapsöl
2 Zwiebeln
250 g Magerquark
1 Becher saure Sahne (150 ml)
100 ml fettarme Milch
150 g Gouda, (leicht) gerieben
30 g Pinienkerne
200 g Lasagneblätter aus Hartweizengrieß
(12 Platten) Jodsalz, Pfeffer, Muskat

Zubereitung:

- Blattspinat waschen oder auftauen, mit Zwiebelwürfeln (nach Wunsch mit gepresster Knoblauchzehe) dünsten und würzen.

- Quark, saure Sahne, Milch, 100 g vom geriebenen Käse zusammen mit den Pinienkernen und Salz, Pfeffer und Muskat zu einer Creme verrühren.

- In eine gefettete Auflaufform zunächst eine Schicht Quarkcreme, dann
Spinat einfüllen, darüber eine Lage Lasagneblätter legen, diese mit der Quarkcreme bestreichen, darüber wieder Spinat und so weiter. Die oberste Schicht sollte Spinat sein, darüber den restlichen Käse verteilen.

- Im Backofen bei 180 Grad 35 Minuten backen.

Pro Portion: ca. 501 Kcal, 34 g Eiweiß, 19 g Fett, 47 g Kohlenhydrate

Kaltes Gericht: Italienischer Bohnensalat

Zutaten pro Portion:
- ½ TL Olivenöl
- Pfeffer, Jodsalz, Kräuter
- 1 EL Zitronensaft
- ½ TL geriebene Zitronenschale
- 125 g weiße Bohnen (Konserve)
- 1 Vollkornbrötchen

Kräuter hacken, mit Salz, Pfeffer, Zitronensaft und der geriebenen Zitronenschale in eine Schüssel geben. Die Bohnen dazu geben und durchziehen lassen.

Pro Portion ca.: 490 kcal, 30 g Eiweiß, 9 g Fett, 70 g Kohlenhydrate

7 Richtig Trinken: Vor, während und nach dem Training

Körperliche Leistungen gehen einher mit Wärmeproduktion. Um diese Wärme auszugleichen produziert unser Körper Schweiß. Schwitzen führt zu vielen

Auswirkungen auf den Stoffwechsel unseres Organismus:

Durch Schweiß verliert unser Körper Wasser und Elektrolyte. Diese Elektrolyte und die im Wasser vorhandenen Enzyme regulieren unsere gesamten Stoffwechselfunktionen, die daher nur noch beeinträchtigt ablaufen.

Weiterhin wird das Blut, infolge des Wasserverlustes, dickflüssiger, so dass es seine Aufgabe als Transportmittel nur noch unzureichend erfüllen kann. Durch den verminderten Blutfluss wird auch weniger Sauerstoff in den Muskel transportiert und Muskelkater ist vorprogrammiert.

Außerdem kommen weniger Nährstoffe in den Muskel und die Energiebereitstellung ist reduziert, so dass der Muskel nicht mehr in der Lage ist eine ausreichende Arbeit zu verrichten.

Auch der Sauerstofftransport zu unserem wichtigsten Organ des Stoffwechsels, nämlich der Leber, ist vermindert. Die Leberzellen verfügen über weniger Energie, die Stoffwechselprodukte der Leber, wie z. B. das Laktat, werden langsamer abgebaut und es kommt zur schnelleren Muskelermüdung.

Der Sauerstofftransport zum Gehirn ist ebenfalls reduziert, was eine verminderte Konzentrationsfähigkeit zur Folge hat.

Schließlich ist der Wassermangel durch Schweißverlust auch dafür verantwortlich, dass der Wärmeabtransport vom Körperinneren zur Haut nur sehr langsam erfolgt. Der Organismus überhitzt und die körperliche Leistungsfähigkeit sackt rapide ab.

Um das Ganze einmal in Zahlen auszudrücken: Bei einem Wasserverlust von 2 % des Körperwassers (das sind bei einem 75 kg schweren Mann ca. 1,5 l) vermindert sich bereits die Ausdauerleistung und ein leichtes Durstgefühl entsteht. Daher sollten bei Belastungen von mehr als einer Stunde auf jeden Fall getrunken werden. Empfohlen werden ca. 150 ml – 200 ml alle 20 min.
Wird höchstens eine Stunde trainiert reicht es völlig aus vor und nach dem Training Mineral- oder Leitungswasser zu trinken. Leitungswasser hat in den meisten Gegenden Deutschlands die gleiche Qualität wie ein durchschnittliches Mineralwasser. Genaueres müssen sie allerdings beim zuständigen örtlichen Wasserwerk erfragen.
Bei moderaten Belastungen von mehreren Stunden sollte schon vorab auf Vorrat getrunken werden. Je nach Wärme 500 ml – 700 ml ca. zwei Stunden vor dem Start. Bei hoch intensiven Belastungen über 60 min – 90 min ist eine zusätzliche Kohlenhydrat-

aufnahme während des Trainings ratsam. Der Kohlenhydratanteil sollte dabei bei etwa 6 % - 8% liegen. Ideal sind verdünnte Fruchtsäfte (1 Teil Saft auf 3 Teile Wasser). Hierbei ist auf jeden Fall zu beachten, dass große Mengen an Fructose vermieden werden, da zu viel Fructose Beschwerden im Magen-Darm-Trakt hervorruft.

Wie zu Beginn des Kapitels erwähnt, geht mit dem Schwitzen auch ein Verlust an wichtigen Elektrolyten einher. Das American College of Sports Medicine hält eine Elektrolytsubstitution erst ab einer Belastungsdauer von mehr als vier Stunden für angebracht.

An dieser Stelle möchte ich auch noch darauf hinweisen, dass Sportler, die zu Muskelkrämpfen neigen, auch schon bei Trainingseinheiten von weniger als 60 min Dauer trinken sollten. Wichtig ist es in kleinen Mengen zu trinken, da zu viel Flüssigkeit die Beweglichkeit stark herabsetzt.

Nun möchte ich noch auf ein paar Begriffe eingehen, die einem in der Sport- und Ernährungswissenschaft immer mal wieder begegnen:

Ein Getränk ist **hypoton,** wenn es eine geringere Vitalstoffkonzentration aufweist als jene in unserem Blut. Das bedeutet, dass Mineralstoffe und Spurenelemente aus den Getränken aufgrund ihrer vorliegenden ionischen Form rasch ins Blut und auch in den Darm aufgenommen werden können und so die Mikronährstoffdefizite ausgleichen. Beispiele für solche hypotonen Flüssigkeiten sind Molkegetränke, Mineralwässer und deren Mischungen mit Frucht- oder Gemüsesäften im Verhältnis 1:3 bis 1:5.

Sind die Mineralstoffkonzentrationen von Blut und Getränk gleich spricht man von **isotonischen** Getränken. Solche Flüssigkeiten werden optimal und schnell aufgenommen und gleichen den Flüssigkeitsverlust am schnellsten aus. Bei mehrstündigen Ausdauerbelastungen, wie Events oder Marathonläufen, sollten sie zum Einsatz kommen. Zu den isotonischen Getränken zählen Elektrolytgetränke ohne Zucker und Mischungen mineralstoffreicher, wie natriumreicher (ca. 600 mg Natrium / l) oder magnesiumreicher Mineralwässer mit Apfelsaft gemischt im Verhältnis 1:3 bis 1:1.

Vom Konsum **hypertoner** Getränke ist abzuraten. Hyperton bedeutet, dass das getränk eine höhere Vitalstoffkonzentration besitzt wie unser Blut. Dazu zählen unverdünnte zuckerhaltige Säfte und alkoholische Getränk, so dass der. Sie entziehen den Schleimhäuten des Magen-Darm-Traktes viel Flüssigkeit und entwässern unseren Organismus noch zusätzlich. Darüber hinaus hemmt ein zu hoher Zuckergehalt (mehr als 2 g – 50 g / l)die Magenentleerung und Mineralstoffaufnahme.

Sehr zu empfehlen sind Mineralwässer, die einen hohen Gehalt an Hydrogencarbonat haben. Hydrogencarbonat wirkt alkalisch und ist so in der Lage, die im Körper entstehenden Säuren ab zu puffern. So kann die bei der Belastung entstehende Milchsäure, die den pH-Wert in der Muskelzelle absinken lässt, durch das hydrogencarbonathaltige Wasser abgefedert werden. Die Muskeln übersäuern erst verzögert und der Sportler kann seine Belastung länger aufrecht halten. Eschenbruch konnte in einem Versuch nachweisen, dass solche Mineralwässer, die während der sportlichen Aktivität getrunken werden, die maximale Belastungsdauer der Sportler auf der höchsten Leistungsstufe um durchschnittlich 10 % verlängert. Außerdem enthalten hydrogencarbonathaltige Mineralwässer essentielle Mineralstoffe und Spurenelement, die den Vitalstoffverlust, bedingt durch das Schwitzen, schnell ausgleichen.

8 Vitamine

Die zusätzliche Einnahme von Vitaminen ist sowohl bei der Allgemeinbevölkerung als auch unter Sportlern weit verbreitet, allerdings werden deren Nutzen und deren Risiken kontrovers diskutiert.

Vitamine sind organische Substanzen, die entscheidenden Einfluss auf unseren Stoffwechsel haben, die der Körper aber größtenteils nicht selbst herstellen kann. Daher müssen sie regelmäßig per Nahrung aufgenommen werden. Nach Baron und Berg ist ein Sportler mit einer den Energiebedarf deckenden Ernährung mit entsprechender Nährstoffdichte ausreichend mit Vitaminen versorgt. Zusätzliche Vitaminsubstitution kann in Einzelfällen jedoch notwendig sein, wobei Nutzen und Risiken individuell abgewogen werden müssen. Grundsätzlich sollte ein Sportler immer versuchen die erforderlichen Vitamine durch die Nahrung also in natürlichem Zustand aufzunehmen. Der Grund liegt darin, dass die Nahrungsmittel, die diese Vitamine beinhalten, noch zusätzliche Stoffe, wie sekundäre Pflanzenstoffe haben, die die Vitaminaufnahme im Organismus positiv beeinflusst.

Ein Sporttreibender erwartet durch die Vitaminaufnahme, den durch die sportliche Aktivität hervorgerufenen Mehrbedarf an Nährstoffen zu kompensieren. Er erwartet aber darüber hinaus auch einen sportrelevanten Effekt, wie Leistungssteigerung, schnellere Regeneration und höhere Belastbarkeit.

Wir wollen uns nun im Folgenden gezielt den wichtigsten Vitaminen unseres Stoffwechsels zuwenden:

Vitamine des B-Komplexes:

Bei den Vitaminen des B-Komplexes gibt es nur wenig wissenschaftliche Untersuchungen, die belegen, dass Sportler ihre Leistungen durch die Einnahme über die empfohlene Tagesdosis hinaus verbessern.
Vitamin B1 (Thiamin) spielt sowohl im Kohlenhydrat- als auch im Proteinstoffwechsel eine zentrale Rolle. Die DGE empfiehlt täglich 1,2 mg zu sich zu nehmen. Gute Quellen sind Fisch, Muskelfleisch, Kartoffel und Hülsenfrüchte.
Während das Amercian College of Sportsnutrition 0,5 g/ 1000 kcal Energieaufnahme empfiehlt sehen Lukaski und

Woolf keinen Effekt niedrigerer und höherer Thiaminzufuhr -bezogen auf die empfohlene Tagesdosis- hinsichtlich Leistungsfunktionen und Muskelkraft. Eine nährstoffreiche, den Energiebedarf deckende Normalkost sorgt also für eine ausreichende Vitamin B1-Versorgung, auch bei Sportlern.

Auch bei **Vitamin B2** (Riboflavin) konnte wissenschaftlich kein leistungssteigernder Effekt nachgewiesen werden. Laut DGE sollen täglich 1,5 mg aufgenommen werden. Reich an Riboflavin sind Milchprodukte.

Vitamin B6 (Pyridoxin) spielt eine Schlüsselrolle im Eiweißstoffwechsel. Der Bedarf beträgt 20 µg / g aufgenommenem Eiweiß. Ein Kraftsportler, der täglich 2 g Eiweiß pro kg Körpergewicht zu sich nimmt hat einen etwa 3-fach höheren Bedarf an Vitamin B6. Diesen deckt er aber problemlos mit den eiweißreichen Lebensmitteln wie Fleisch, Fisch und Gemüse. Die Aufnahme von Megadosen d.h. 0,5 g – 6 g (die DGE empfiehlt täglich 1,5 mg) über mehrere Monate sind nicht ohne Risiko. Nachgewiesene Nebenwirkungen sind Neuropathien, Reflexausfälle und Gangstörungen.

Bei Vitamin B12 (Cobalamin) haben nur Sportler unter energiereduzierter Diät und strenge Vegetarier bzw. Veganer ein

Unterversorgungsrisiko. Täglich sollte man 3 µg aufnehmen. Vitamin B12 wird hauptsächlich gebraucht für die Blutbildung, für das Zentrale Nervensystem und für den Proteinstoffwechsel. Es ist enthalten in Fleisch, Fisch und Milchprodukten. Ohne ein vorhandenes Vitamin B12-Defizit verbessert eine Supplementierung weder die Gesamtleistung, die Kraft noch die Ausdauer.

Vitamin D

Vitamin D (Calciferole) ist als Sonnenscheinvitamin bekannt. Dieser Begriff wird deswegen verwendet, weil die Körperzellen das Vitamin D selbst aus Cholesterin unter dem Einfluss von ungefiltertem Sonnenlicht herstellen. Der empfohlene Tagesbedarf liegt bei 20 µg. Durch eine Sonnenexposition von 3 Mal 15 min pro Woche kann dieser Bedarf gedeckt werden. Problematisch wird es jedoch, wenn man wenig draußen an der Sonne ist, wie z. B. die Sportler, die im Fitnessstudio trainieren. Um dem Risiko der Unterversorgung zu begegnen, kann eine Substitution von täglich 5 µg (=200 IE / Tag) erwogen werden. Das gilt nicht für Sportler, die regelmäßig Thunfisch, Makrele, Lachs oder Leber essen. Da Vitamin D für die

Knochen und Knorpelbildung im Körper gebraucht wird, kann eine chronische Unterversorgung ein erhöhtes Osteoporoserisiko auslösen. Daher sollten besonders Sportlerinnen im Alter von 20-30 für eine ausreichende Versorgung dieses Vitamins sorgen. In diesem Alter wird nämlich Calcium in die Knochen eingelagert, woran Vitamin D maßgeblich beteiligt ist.

Antioxidativ wirkende Vitamine (A bzw. Provitamin β-Carotin -, C, E,)

Ein Mangel dieser Vitamine soll einhergehen mit einem erhöhten Arteriosklerose- und Krebsrisiko. Allerdings wird dies gerade beim β-Carotin in Frage gestellt.
Zweifelsfrei belegt ist aber bei allen eine zellschützende Wirkung. Außerdem ist ein Mangel an Vitaminen dieser Gruppe verbunden mit einem geschwächten Immunsystem.
Die Tagesdosen liegen für Vitamin E (Tocopherole) bei 12 mg, für Vitamin C (Ascorbinsäure) bei 100 mg und für β-Carotin bei 1 mg.
Vitamin C ist wasserlöslich und wird gebraucht für unser Bindegewebe, zur Verbesserung der Eisenaufnahme und zur

Steigerung der Immunabwehr. Es ist enthalten in Citrusfrüchten, Hagebutte und in Paprika.

Vitamin E ist ein fettlösliches Vitamin und zu finden in Sonnenblumenöl, Margarine und Weizenkeimen. Es hat, wie die Überschrift schon sagt, eine oxidationshemmende Wirkung und schützt andere Vitamine, Zellbestandteile und Fette vor Abbau und Zerstörung.

β-Carotin ist die Vorstufe von Vitamin A und wird daher als Provitamin bezeichnet. Es ist enthalten in Früchten und Gemüse, wie z. B. Karotten, Aprikosen, Kürbissen. Der Körper verfügt über ein Depot dieser Vitaminvorstufe und wandelt das Carotin immer bei Bedarf in Vitamin A um. Direkt aufgenommenes Vitamin A wird im Körper - meist im Fettgewebe und in der Leber- gespeichert. Es kann so zu einer Hypervitaminose kommen. Eine Überdosierung von β-Carotin gibt es jedoch nicht. Lediglich eine Gelbfärbung der Haut ist bemerkbar, was aber keine Hypervitaminose ist.

β-Carotin steht im Verdacht bei Rauchern und Alkoholikern die Risiken von Darmkrebs- und Bronchialkrebs zu erhöhen. Daher dürfen Medikamente, die mehr als 20 mg β-Carotin haben, nicht mehr an Raucher verordnet werden.

Vitamin A ist enthalten in Leber, Eigelb und ist verantwortlich für unsere Sehkraft, für das Wachstum, für die Haut und den Stoffwechsel.

Ob bei einem Sporttreibenden und in welchem Ausmaß der Mehrbedarf an diesen antioxidativ wirkenden Vitaminen erforderlich ist, kann nicht konkret beantwortet werden. Tatsache ist, dass Sport immer einen belastungsindizierten oxidativen Stress auslöst. Ob allerdings eine Vitaminsubstitution nötig ist, ist fraglich, da sich unser Körper selbst ein antioxidatives System entwickelt, wenn er Leistung erbringen muss. Eine zusätzliche Einnahme dieser Vitamine führt nach gegenwärtigem Kenntnisstand weder zu einer Leistungssteigerung noch zu einer Verminderung der eintretenden muskulösen Ermüdung. Niess et al weisen dagegen nach, dass die Gabe von Vitamin E mit β-Carotin über die empfohlene Tagesdosis hinaus eine um 21 % erhöhte Inzidenz grippaler Infekte bewirkt. Für die Gesamtgruppe dieser Vitamine konnte bei Supplementierung sogar ein Mortalitätsanstieg belegt werden.

Zusammenfassen bleibt zu sagen, dass bei einem Sportler, der sich ausgewogen und nährstoffreich ernährt,die Notwendigkeit einer Vitaminsubstitution grundsätzlich nicht besteht, schon gar nicht im Breitensportbereich. Bei einem Verdacht auf mögliche Defizite empfehle ich auf jeden Fall eine Ernährungsanamnese und eine Blutuntersuchung zu machen. So kann gezielt ein Ernährungsplan mit eventuell zusätzlicher Vitaminsupplementierung aufgestellt werden, der dem Training angepasst ist. Nur bei vegan und vegetarisch lebenden Sportlern und Athleten mit einer länger andauernden Reduktionskost ist eine über die Nahrung hinaus zusätzliche Vitamingabe notwendig.

9 Mineralstoffe

Zu den Mineralstoffen zählen die sogenannten Mengenelemente, wie z. B. Kalzium und Magnesium und die Spurenelemente, wie z. B. Eisen und Jod. Mit Ausnahme des Eisens werden die Spurenelemente, wie der Name auch sagt, nur in sehr geringen Mengen vom Körper gebraucht. Mengenelement sind laut Definition die Elemente, die unser Organismus in einer Konzentration von mehr als 50 mg / kg Körpergewicht braucht. Mineralstoffe steuern, als sogenannte Co-Faktoren, zahlreiche Stoffwechselprozesse. So regulieren sie unter anderem den Flüssigkeitshaushalt. Da Kalzium und Magnesium die für einen Sportler wichtigsten Mengenelemente sind, möchte ich mich in meinen Ausführungen auf die Beschreibung dieser beiden beschränken.

Kalzium

Die Hauptfunktion von Kalzium sind, besonders beim Sporttreibenden der Aufbau und die Festigung unserer Knochenstruktur. Ab einem Alter von 35 Jahren nimmt die Knochendichte ab. Liegt im Körper ein Kalziummangel vor, so greift er automatisch auf die Kalziumreserven im Knochen zurück. Das Osteoporoserisiko erhöht sich immens. Weiterhin wird Kalzium für die Reizweiterleitung im Nerven- und Muskelsystem gebraucht, spielt aber auch eine große Rolle bei der Blutgerinnung und Aufrechterhaltung der Herzfunktion. Die

DGE empfiehlt täglich 1000 mg Kalzium per Nahrung aufzunehmen. Es ist hauptsächlich in Milch und Milchprodukten enthalten. Es gibt auch kalziumreiche Mineralwässer, wie z. B. Geroldsteiner Medium. Da der Sportler mit dem Schweiß viel Kalzium verliert, sollte er besonders auf die Kalziumzufuhr achten. Bei einer ausgewogenen Ernährung kann grundsätzlich von einer Kalzium-supplementierung abgesehen werden, sollte jedoch individuell geprüft werden.

An dieser Stelle möchte ich eine wichtige Tatsache erwähnen. So sind große Eiweißmengen Kalkräuber. An diesem Beispiel sieht man sehr schön dass unser Stoffwechsel von vielen kleinen Rädchen reguliert wird. Diese Rädchen laufen nur mit der passenden Dosis des für sie zuständigen „Benzins". Zu viel des einen kann einen Mangel des anderen auslösen. So sollten alle Nahrungsbestandteile auf einander abgestimmt sein, was durch eine ausgewogene nährstoffreiche den kalorienbedarf deckende Ernährung ganz automatische geschieht.

Magnesium

Der Tagesbedarf liegt bei 400 g. Magnesium ist in den meisten Lebensmittel enthalten, vor allem in Nüssen, Gemüse, Obst und Vollkornprodukten. Magnesium ist Bestandteil von Knochen und Zähnen. Es ist maßgeblich für die Muskel- und Nervenerregbarkeit, weswegen es auch für Sportler so große Bedeutung besitzt. Auch ist es als Co-Faktor in zahlreichen Enzymen unseres Stoffwechsels insbesondere am Kohlenhydrat- und Proteinstoffwechsel beteiligt. Da über den Schweiß viel Magnesium ausgeschieden wird, ist Sportlern die viel schwitzen eine zusätzliche Magnesiumaufnahme von täglich ca. 350 mg zu empfehlen. Auch Kraftsportler müssen durch die erhöhte Eiweißzufuhr mit einem erhöhten Bedarf an Magnesium rechnen. Ein Mangel zeigt sich durch schnelles Ermüden und durch das Auftreten von Muskelkrämpfen. Allerdings ist die Ursache eines Muskelkrampfes nicht immer Magnesium-mangel. Auch Fehlbelastungen und Überbelastungen können Krämpfe auslösen. Eine Blutanalyse kann nur erhebliche Mängel dieses Mineralstoffes aufdecken. Allerdings kann der Magnesiumstatus über einen intravenösen Magnesiumbelastungstest ermittelt werden. Überdosierungen zeigen sich in Durchfall, verzögerten Muskelaktionen sowie eine weiche und ermüdete Muskulatur.

10 Wie sinnvoll sind Eiweiß- und Kohlenhydrat-Supplemente?

Als Supplemente bezeichnet man alle Nahrungsergänzungen im Sport, die einen besonderen Bedarf der Sportler bzw.

Personengruppen decken. Dazu zählen folglich Präparate, die zusätzlich zur normalen Ernährung eingenommen werden. Hier liegt der Kern des Problems. Sind Supplemente, überhaupt sinnvoll? Können sie Leistung und Training positiv beeinflussen?

Wie in den vorderen Kapiteln bereits erwähnt liegt der Tagesproteinbedarf sowohl für Ausdauer- als auch Kraftsportler bei etwa 1,2 g – 1,4 g Eiweiß pro kg Körpergewicht. Jeder muss nun am besten durch Führen eines Ernährungsprotokolls ermitteln ob er mit seiner täglichen Nahrung diesen Bedarf deckt. Angaben über die Proteinmenge eines Lebensmittels finden sie meist auf der Packung. Falls nicht, kann ich ihnen des Ringbuch „Kalorien mundgerecht" empfehlen. In ihm finden sie über 30000 Nährwertangaben zu 2.800 Lebensmitteln. Es ist im Umschau-Verlag (www.umschau-buchverlag.de) erhältlich (ISBN 978-3-86528-131-9.

Sofern sie durch ihre Nahrung die empfohlene Menge an Eiweiß aufnehmen besteht kein Grund auf Nahrungsergänzungsprodukte zurück zugreifen. Allerdings ist es manchem Sportler aus zeitlichen oder anderen Gründen nicht möglich regelmäßig nährstoffreich zu essen. Viele von ihnen gehen vermutlich direkt nach der Arbeit in den Fitnessclub. Da sie auf keinen Fall mit leerem Magen trainieren sollten, um den Muskelabbau nicht zu forcieren oder um eine Unterzuckerung riskieren ist es sinnvoll, vor dem Training einen Energieriegel zu essen. Er enthält hauptsächlich kurzkettige und mittelkettige Kohlenhydrate, die nach und nach verdaut werden. So wird die für die Trainingsbelastung erforderliche Energie erhalten und der Blutzuckerspiegel bleibt während des Trainings konstant. Außerdem ist ein solcher Riegel gut verdaulich und kann leicht in der Sporttasche mitgenommen werden. Meist kann er sogar im Club direkt erworben werden.

Nach dem Training ist vor dem nächsten Training. Daher gilt es schnell zu regenerieren und die leeren Speicher wieder aufzufüllen. Hier empfiehlt sich ein Proteinshake, den es in unterschiedlichen Geschmacksrichtungen gibt. Entweder frisch zubereitet im Club oder in der PE-Flasche aus dem Fitnessregal des Supermarktes. Besser als ein Milch-Eiweiß-Shake ist allerdings ein Shake mit Eiweißpulver und Fruchtsaft oder auch ein Proteinriegel. Sowohl der Riegel als auch der Fruchtsaft enthält nämlich Kohlenhydrate. Der Insulinspeigel steigt an. Insulin als anaboles

Hormon bewirkt eine beschleunigte Aufnahme von Glukose und Aminosäuren in die Muskelzellen. Eine rasche Resynthese des Muskelglykogens wird induziert und der muskuläre Katabolismus wird kompensiert. Wissenschaftlich erwiesen ist außerdem, dass eine vorübergehende Immunschwäche, die durch die körperliche Belastung entstanden ist, durch rasche Kohlenhydrataufnahme abgefangen werden kann.

Schlusswort

Ich hoffe, dass ich ihnen, liebe Fitness (Studio)-Sportler, mit meinem kleinen Ratgeber einige Fragen hinsichtlich Training und Ernährung beantworten konnte. Ich habe versucht nicht zu wissenschaftlich zu schreiben. Falls sie Fragen haben oder konstruktiv Kritik üben wollen, nur zu. Ich freue mich über jegliches Feed Back. Und ich werden ihnen auch gerne antworten, wenn sie mir eine mail schicken: efico@t-online.de.

Und jetzt bleibt mir nur noch, ihnen viel Spaß in ihrer Fitnessküche und dem Training im Club oder draußen an der frischen Luft zu wünschen.

Literaturverzeichnis

Deutsche Gesellschaft für Ernährung (DGE), Österreichische Gesellschaft für Ernährung

(ÖGE), Schweizerische Gesellschaft für Ernährung (SGE)

Christensen EH, Hansen O. Arbeitsfähigkeit und Ernährung. Skand Arch Physiol 1939; 1:160-171

Fogelholm GM, Tikkanen HO, Näveri HK et al. Carbohydrate loading in practice:high muscle glycogen concentrationis not certain. Brit J. of sportsmedicine 1991; 25:41-44

Goforth HW, Arnall DA, Bennett BL et al. Persistence of supercompensated muscle glycogen in trained subjects after carbohydrate loading. J Appl Physiol 1997; 82:342-347

Schek A. Kohlenhydrate in der Ernährung des Ausdauersportlers. Ernährungs-Umschau 1997; 44:434-440

Williams MH, Ernährung, Fitness und Sport. Dt. Ausgabe Ross R, Hrsg. Berlin: Ullstein Mosby Verlag; 1997

American College of Sports Medicine (ACSM). Position Stand; Exercise and fluid replacement. Med Sci Sports Exerc 2007; 377-390/ www.acsm.org

Baron DK, Berg A Optimale Ernährung des Sportlers, Stuttgart, Leipzig: S. Hirzel Verlag 2005

Prof. Dr. A. Berg Uniklinikum Freiburg;
aloys.berg@uniklinik-freiburg.de

Eschenbruch, B. Wasser und Mineralstoffe in der Ernährungsmedizin, Kapitel 5, 130-140, Umschau Zeitschriften Verlag, Frankfurt a. Main 1994

Scientific Commitee on Food (SCF). Report of the scientific Commitee on food on composition and specification of food intended to meet the expenditure of intense muscular effort, especially for sportsman: Protein and proteincomponents. 50 S. European Commission, ed. Health and Consumer Protection Directorate-General. Fevr. 2001
(http://ec.europa.eu/food/fs/sc/scf/out64_en.pdf(14.08.2011)

Powers SK, Jackson MJ (2008)Exercise-induces oxidative stress: Cellular mechanism and impact on muscle forceproduction.Physiol Rew 88, 1243-1267

Reid MB (2008) Free radicals and muscle fatigue: Of ROS, canaries, and the IOC. Free Rad Biol Med 44: 169-179

Schroder H, Navarro E. Mora J et al. (2001) Effect of alpha-tocopherol, beta-carotene ans ascorbic acid on oxidative, hormonal and enzymatic exercise stress markers in habitual training activity of professionel basketball players. Eur J Nutr 40:178-184

Powers SK, Nelson WB, Hudson MB (2011) Exercise-induces oxidative stress in humans: cause and consequences. Free Rad Biol Med 51: 942-950

Sen CK (2001) Antioxidants in exercise nutrition. Sports Med 31: 891-908

Ristow M, Zarse K, Oberbach A et al. (2009) Antioxidants prevent health-promoting effects of physical exercise in humans. Free Nat Acad Scie USA 106: 8665-8670

Gomez-Cabrera MC, Domenech E, Romagnoli M, Arduine A (2008) Oral administration of vitamin c deseases muscle mitochondrial biogenesis and hampers training-induced adaption in endurance performance. Am J Clin Nutr 87 : 142-149

Lukaski HC: Vitamin and mineral status effects on physical performance. Nutrition 20 (2004) 632-644

Niess AM, Striegel H, Hipp A, Hansel J, Simon P Zusätzliche Antioxidantiengabe im Sport - sinnvoll oder unsinnig? Dtsch Z. Sportmed 59 (2008) 55-61

Woolf K, Manore MM.:B-vitamins and exercise does exercise alter requirements?

Int J Sport Nutr Exerc Metab 16 (2006) 453-484

American College of Sports Medicine: Nutrition and athletic performance. Med Sci Sports Exerc 32 (2000) 2130-2145

www.acsm.org

Deutsche Zeitschrift für Sportmedizin, Jahrgang 55, Nr. 7/8 (2004)

Deutsche Zeitschrift für Sportmedizin, Jahrgang 59, Nr. 3 (2008)

Deutsche Zeitschrift für Sportmedizin, Jahrgang 59, Nr. 5 (2008)

Das Buch

Einfach, kompakt und aktuell vermittelt dieses Buch Ernährungswissen und gibt Fitness-(Studio)-Sportlern Ernährungs-Tipps darüber, wie durch richtige Ernährung „noch fitter" werden können und dabei gesund ihre Trainingsziele schneller und effizienter erreichen.

Empfehlung: Ganz einfach vegan

Vegane Ernährung ganz simpel erklärt mit 99 Fakten und Basics zum Einsteigen, Verstehen und Umdenken für Alle sowie einige schnelle und einfache vegane Rezepte mit Suchtfaktor.

ISBN-10: 1497419840
ISBN-13: 978-1497419841

Autor: Arno Ostländer

Ganz einfach vegan

Danke, ich bin nur Veganer und nicht krank!

Statt schon wieder einem bebilderten und teuren Kochbuch ein Nachschlagewerk für vegane Einsteiger, Umsteiger und Neugierige. Knapp zusammengefasst sind hier 99 Fakten, Anleitungen und wichtige Informationen, um Menschen zu verstehen, die vegan kochen. Ebenso hilft dieses Buch, seine eigene Küche auf vegan/vegetarisch um- oder einzustellen und dabei das eigene Maß zu finden.

So können Sie ganz einfach das eigene Verständnis vom Vegan sein entwickeln. Durch ein paar einfache und schnelle Rezepte, die einen neuen Geschmack wecken wollen, die einfachen auszuprobieren und nachkzukochen sind, kann Spaß- und Suchtfaktor entstehen.

www.ingramcontent.com/pod-product-compliance
Lightning Source LLC
LaVergne TN
LVHW011424080426
835512LV00005B/243